서울, 복지에 미치다

일러두기

이 책에는 시각장애인을 위한 음성변환용 이차원 바코드가 실려 있습니다.

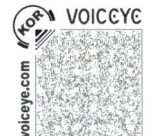

서울, 복지에 미치다

서울형 그물망 복지의 모든 것! 복지의 현장 교과서

• 이성규 지음 •

21세기북스
www.book21.com

복지에 미치다

2009년 가을에 미국 워싱턴 대학교의 교수인 마이클 쉬라든 Michael Sherraden이 서울을 찾았다. 마이클 쉬라든 교수는 세계 최초로 저소득층의 자산 형성 프로그램을 고안해낸 복지학의 대가이다. 당시 그는 서울에서 열린 국제 학술 포럼에 참가한 후 오세훈 시장과 면담을 가졌다. 1시간여의 면담을 끝내고 엘리베이터에 타면서 내게 말했다.

"당신네 시장은 복지에 완전히 미쳐 있소."

솔직히 서울 시민 중 얼마가 이 말에 공감할지 궁금하다. 오 시장은 어디로 보나 복지나 서민과는 어울리지 않아 보인다. 귀공자풍의 외모, 정제되고 차분한 말투, 게다가 보수로 분류되는 한나라당 출신 아닌가? 더욱이 그는 임기 내내 디자인과 문화에 가장 역점을 두는 것으로 비치고 있기도 하다.

사실 디자인과 문화는 21세기의 가장 뜨거운 화두다. 사람들은 흔히 디자인과 문화의 가치가 서민과 복지의 가치와 상충한다고

생각한다. 심지어 두 분야가 제로섬 게임을 한다고까지 여긴다. 그래서 일부 정치인들은 "디자인에 쓸 돈이 있으면 서민의 눈물이나 닦아라."고 외치기도 한다.

나는 이러한 이분법이 영 마땅찮다. 복지가 중요하다고 강조하는 것 같지만 결국 복지를 시대의 발전 동력과 대립되는 개념으로 보고 있기 때문이다. 이래서는 성숙한 복지 국가, 복지 도시를 만들어갈 수 없다.

복지는 생활이다

서울시 복지재단 대표, 복지 전문가, 복지학 교수. 언제부턴가 내 이름 석 자 뒤에 따라다니는 꼬리표다. 복지 없는 내 삶은 상상이 되지 않는다. 하지만 내가 복지의 길로 들어설 때만 해도 복지란 참으로 소외된 분야였다.

스무 살 때였나 보다. 운동권 학생이던 나는 집 근처 도서관에서 책을 읽곤 했다. 그때 또래로 보이는 청년이 늘 옆자리에 앉았다.

다리를 심하게 절던 그는 인권이나 노동권에 관한 책을 주로 보았다. 우리는 취향이 비슷해서인지 금세 친해졌다.

"대학 정립단이라고 장애인 학생들이 모이는 곳이 있어. 함께 가 보지 않을래?"

어느 날 그 친구가 말했다. 나는 그를 따라 대학 정립단이란 곳에 갔다. 그곳에는 성장이 멈춰 키가 내 하반신에도 미치지 못하는 친구, 다리가 잘려 목발에 의지해야만 설 수 있는 친구, 등이 심하게 굽은 친구 등 일상생활에 지장이 있을 정도로 중증인 장애인들이 많았다. 그들은 그곳에 모여 서로의 애환을 나누고 있었다.

"어제 소개팅을 했는데 여자가 어찌나 예쁘던지. 그런데 내가 목발 짚는 걸 알면 도망갈까봐 오줌이 마려워도 꾹 참았어."

"회사 면접에서 계속 낙방이야. 학점이 좋은데도 떨어지는 건 장애 때문이겠지."

그들의 얘기를 듣고 있자니 가슴이 먹먹했다.

나는 그때부터 그들과 많은 시간을 함께 보냈다. 특히 그들을 엎

고 계단을 오르는 건 내 일이다시피 했다. 그렇게 살가운 정을 나누는 사이가 되자 그들은 나를 대학 정립단의 연구부장으로 추천했다. 나는 그 제안을 받아들였는데 나름 생각한 바가 있었기 때문이다. 언제까지 신세 한탄만 하고 있을 것인가? 신체 장애가 걸림돌이 되는 이 사회의 모순을 바로잡아야 하지 않을까?

그러던 중 결정적인 사건이 일어났다. 사법시험에 합격한 한 친구가 장애인이라는 이유로 임용에서 탈락된 것이다.

"장애인 권리 선언서를 만들어야 합니다. 그리고 정부와 언론에 당당히 알립시다."

선두에 있던 나는 당장 헌법 책을 뒤졌고 미국에서 흑인들이 취업을 못하자 '우선 취업권'을 주었다는 내용을 찾아냈다.

'그래, 바로 이거다.'

나는 대학 정립단 명의로 권리 선언서를 만들고 거기에 '장애인 우선 취업권'을 법적으로 보장해달라는 내용을 적어 국내의 모든 언론사에 연락을 취했다. 복지라는 이름으로 개시한 내 첫 활동이었다. 일을 벌임으로써 사회를 변하게 할 수 있다는 무모한 열정으로 한 일이었다.

그 후 나는 복지에 관한 공부를 처음부터 다시 하겠다는 일념으로 영국 런던 스쿨로 유학을 가기로 결정 내렸다. 나는 아내와 두 아이를 데리고 영국행 비행기에 몸을 실었다.

당시 내가 꿈꾼 건 하나였다. 복지가 특별한 이들을 위한 특별한 수혜가 아니라 바로 일상생활이 되는 사회. 나는 그런 사회를 만들기 위해 역할을 하고 싶었다.

복지 리더십

사람은 영원히 살 수 있는 존재가 아니다. 부자든 가난한 사람이든 언젠가는 한 줌의 재가 될 뿐이다. 따라서 살아 있는 동안 최대한 행복하고 인간다운 삶을 누려야 한다. 행복한 삶 그것이 바로 복지다.

복지는 어느 특정 집단이나 계층의 전유물이 아니다. 인간이라

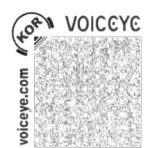

면 누구나 누려야 할 하늘이 내린 특권이다. 하지만 불행히도 행복한 삶을 누리지 못하는 사람들이 사회 곳곳에 있다. 물질적으로 부족해서 신체적으로 불편해서 나이가 많아서 혹은 아직 어려서 인간의 특권을 제대로 누리지 못하는 사람들이 많다. 이들을 보듬고 껴안으려면 복지 제도가 반드시 필요하다.

복지 제도를 제대로 정착시키려면 나 같은 복지 전문가가 많이 활동해야 한다. 나는 내가 하는 일을 천직이라 여긴다. 사회의 손길이 닿지 않는 사람들을 양지로 이끄는 제도를 구상하고 만드는 일. 이러한 일을 하면서 감사와 칭찬의 말을 듣고 스스로 보람을 느끼니 이보다 더 좋은 직업이 있을까 싶다.

그런데 복지 전문가로서 뜻을 펼치면 펼칠수록 '복지 리더'의 필요성을 절감한다. 아무리 복지 전문가가 이리저리 뛰어다녀도 복지 정책의 내용과 방향은 결국 사회의 리더가 복지에 대해 어떤 철학을 갖고 있는가에 따라 결정되기 때문이다.

나는 4년 전 오세훈 시장을 처음 만났다. 당시 나는 서울시립대학교 교수들과 함께 일본의 복지 시설을 둘러보고 있었다. 그때 서울시장 당선자 신분인 오세훈 시장이 직접 전화를 걸어왔다.

"이번에 시장직 인수위원회를 구성하는데 잠깐 뵐 수 있을까요?"

"제가 지금 일본에 있는데 돌아가서 뵙도록 하죠."

이틀 후 우리는 자장면 미팅을 했다. 나는 곧바로 시장직 인수위원으로 활동하게 됐다.

"장애인들 얘기를 직접 들어봅시다."

나는 인수위 시절 오세훈 서울시장 당선자에게 이렇게 제안했다. 그는 조금도 망설이지 않고 수락했다. 오 시장은 장애인들이 하는 이야기를 진심으로 들어주었고 인수위원들보다 더 열심히 장애인 문제를 파고들었다. 나는 오 시장의 진정성에 매료됐다.

그 후 4년 가까이 서울시에 몸담고 여러 복지 업무에 관여하면서 오세훈 시장의 서울 시정을 가까이서 지켜보았다. 그는 역대 시장 중 복지 예산을 가장 큰 비율로 책정한 시장이다. 나는 머릿속

에 구상하던 복지 리더십의 그림을 오 시장을 통해 보다 구체적으로 그릴 수 있게 됐다.

복지 리더십은 누군가의 인생을 바꾸어놓는다. 스스로 불행하다고 생각하는 사람들에게 또 시련과 고통으로 절망하는 사람들에게 '아, 세상은 아직도 나에게 기회를 주는구나.'라는 희망을 주기 때문이다.

이 책이 복지 리더의 중요성을 널리 알리는 계기가 됐으면 좋겠다. 그리고 복지가 어떤 가치의 희생을 요구하며 쟁취하는 것이 아니라 우리의 일상생활에 구석구석 녹아들어야 하는 가치임을 모두가 공감하기를 바란다.

2010년 4월

이성규

차례

1장 복지의 프레임 전환, 자립 복지 17

2장 정신적 자립으로 복지를 세우다 45

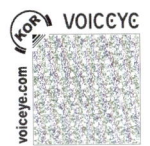

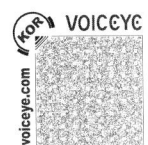

Welfare

가난에 빠진 사람에게 미봉책을 내놓는 건 소용없는 일이다.
가난의 근원을 없애려면 그들에게 스스로 일어설 수 있는 힘을 줘야 한다.
즉 그들 스스로 자산을 형성할 수 있도록 방법을 연구해야 한다.

1장

복지의 프레임 전환,
자립 복지

희망을 주는 요술 통장

"저기……."

어느 행사장에서 일을 마치고 나올 때였다. 뒤돌아보니 내 또래로 보이는 인상 좋은 중년 남자가 서 있었다. 최 씨라는 그는 조금 쑥스러운 듯 머리를 긁적이며 다가왔다.

"감사하다는 말씀을 꼭 드려야 할 것 같아서요."

최 씨는 옆집 아저씨처럼 넉넉한 인상이었다. 하지만 그의 말에 따르면 외모와는 달리 30년 넘게 알코올 중독으로 살아온 사람이었다.

"짐승 같은 삶이었죠."

지금은 3년째 단주 중이라고 했다. 게다가 요즘은 차곡차곡 돈

을 모아 포장마차 사장이 되는 꿈에 마냥 즐겁다고도 했다. 희망을 주는 요술 통장 덕분이라고 했다.

최 씨의 사연은 구구절절했다. 그는 고등학교 시절부터 술을 즐겨 마셨고 사회에 나와서는 아예 술독에 빠져 지냈다. 그러다가 잘 나가던 사업도 때려치우고 살뜰하던 아내까지 버렸다.

"모든 게 제 잘못이라는 생각은 조금도 하지 않은 뻔뻔한 시절이었죠."

그는 매일 술에 빠져 살았다. 한 날은 한강 다리에서 뛰어내리기까지 했다. 그 시절은 삶에 대한 희망을 버린 거친 나날들이었다.

그런 그에게 인생의 터닝 포인트가 찾아왔다. 서울시에서 운영하는 센터에 머물며 알코올 치료 센터에 입소한 것이다. 그는 거기에서도 매사 불평과 불만을 늘어놓는 골치 아픈 환자였다. 그러던 어느 날 자신을 정성스레 치료해주던 의사가 말했다.

"최 선생님, 하루 종일 얼굴이 안 좋으셔서 제가 불편했습니다."

그때 최 씨는 처음으로 부끄러움을 느꼈다고 했다.

'아, 난 술을 떠나서 인간적으로 덜된 놈이구나. 남 불평은 많이 하면서 정작 난 남을 배려하지 않는 놈이었구나.'

그는 스스로에게 달라지겠다고 맹세했다. 먼저 술의 유혹부터 떨쳤다. 그러던 중 서울시의 희망통장을 만났다. 희망통장은 저소득층 시민의 자립을 돕기 위해 본인이 납입한 액수만큼 서울시가 똑같은 금액을 함께 적립해주는 통장을 말한다. 한 마디로 수익률 100퍼센트 통장인 셈이다. 그는 그때부터 꿈을 간직하게 됐다고 했다. 목돈을 모아 포장마차를 열어 평범한 가장으로 다시 태어나는 꿈. 불과 몇 년 전만 해도 상상도 못하던 상황이었다.

"부족한 제가 열심히 살고자 하는 의지 하나 보였을 뿐인데 제게 많은 걸 주셨습니다."

하루하루 술로 연명하던 자신에게 목돈이 생긴다는 건 곧 미래에 대한 희망이 생기는 것이라고 했다. 서울시가 마련해준 통장 하나가 그에게 이런 희망을 품게 하다니 오히려 내가 고마울 따름이었다.

3년 전 희망통장 사업을 막 시작하던 무렵의 일이 어제 일처럼 생생히 떠오른다.

가장 끊고 싶은 한 가지, 가난의 대물림

서울시 복지재단의 대표로 임명된 후 업무 보고 차 시장 집무실을 찾았을 때였다. 오세훈 시장이 대뜸 내게 물었다.

"가난의 대물림을 끊을 방도로 뭐가 있을까요?"

근원적이고도 핵심적인 문제였다. 나는 잠시 멈칫했다. 만약 그

가 가난한 이들을 돕는 방도에 대해 질문했다면 쉽게 답했을 것이다. 하지만 오 시장은 가난의 대물림을 끊는 방도에 대해 고민하고 있었다. 내가 잠시 생각에 빠진 건 그 때문이었다.

오 시장은 계속해서 말했다.

"기존의 복지 정책은 일정 기준에 미달하는 저소득층을 대상으로 서울시가 기계적으로 예산을 집행한 것에 불과하다고 봅니다. 이런 정책은 그들을 수동적인 수혜자로 만들 뿐입니다. 가난의 대물림을 끊으려면 그들 스스로 가난을 벗어나겠다는 의지를 가져야 합니다. 하지만 지금의 복지 정책은 그런 동기 부여를 못 해주고 있지 않습니까? 저는 접근 방식을 달리해서 복지 정책의 새로운 패러다임을 만들고 싶습니다."

나는 전기에 감염된 듯 온몸이 찌릿했다.

"시장님도 저와 같은 생각을 하고 계셨군요. 가난의 대물림을 끊을 방도가 있습니다. 그들에게 희망을 주는 통장을 만드는 겁니다."

마음속 생각에 마침내 날개를 달다

'희망을 주는 통장'에 대한 아이디어는 1994년 영국 유학 중에 처음으로 접했다. 나는 매일 도서관에서 두꺼운 원서와 씨름을 했다. 어릴 때부터 공부하기를 좋아한 데다 한국에서 이미 석사 과정까지 마쳤지만 낯선 나라에서 공부하는 건 무척 힘들었다. 아내와 두 아이를 데리고 늦은 나이에 떠난 유학이어서 더욱 그랬는지도 몰랐다. 복지의 불모지였던 대한민국에 새로운 복지 패러다임을 도입하겠다는 의지 하나로 내린 선택이었다.

하지만 어린 친구들과 경쟁하는 것도 벅차고 하루하루 낯선 환경에서 외로움과 싸우는 것도 점차 견디기 힘들었다. 떠날 때 열의로 가득했던 모습과 달리 졸업 시즌이 다가오면서 '어서 박사 학위를 받아 고국으로 돌아가야지.' 하는 생각만이 간절했다.

그렇게 지쳐 있던 어느 날이었다. 마이클 쉬라든 교수의 메시지가 나로 하여금 떠날 때의 초심을 떠올리게 했다. 그는 이미 사회복지학의 대가 중 한 명이었다.

"가난에 빠진 사람에게 미봉책을 내놓는 건 소용없는 일이다. 가난의 근원을 없애려면 그들에게 스스로 일어설 수 있는 힘을 줘야 한다. 즉 그들 스스로 자산을 형성할 수 있도록 방법을 연구해야 한다."

이것이 쉬라든 교수의 논지였다. 당시에는 상당히 진보적인 생각이었다. 사실 우리의 복지라는 것이 가난한 서민들에게 최저 생활은 보장해줄지언정 그들을 부자로 만들어주지는 않는다.

　'한국에 돌아가서 정책을 시행할 기회가 생긴다면 꼭 쉬라든 교수의 생각을 반영해야겠다.'

　그게 당시 복지학도였던 내 다짐이었다. 학위를 마치고 한국에 돌아와 대학 교수로 지내면서도 그 화두에 온통 매달렸다. 하지만 실제 실천에 옮길 기회는 좀처럼 오지 않았다.

　드디어 내 생각을 실행할 기회가 왔다. 2006년 서울시 복지재단 대표로 임명된 것이다. 나는 그동안 배우고 학생들에게 가르쳤던 이론을 어떻게든 현실에 접목하고 싶었다. 취임 초부터 직원들과 틈만 나면 기획 회의를 연 것도 그 때문이었다. 나는 상당히 자유로운 회의 방식을 추구하는 편이다. 왜냐하면 자유로운 분위기 속에서 좋은 아이디어가 나온다고 믿기 때문이다.

　어느 날 사업지원팀과 회의를 했다. 한 직원에게 질문을 던졌다.

　"자네가 가난한 서민이라면 뭐가 제일 불만이겠나?"

　"희망이 없는 거겠죠."

　"구체적으로 말해보겠나?"

　"현실적으로 가난한 사람들은 로또에 당첨되지 않는 한 아무리 일해도 부자가 되긴 힘듭니다. 그래서 아예 부자가 될 희망 자체를 갖지 않죠. 그냥 하루 벌어 하루 산다는 주의랄까요."

　"그럼 그들에게 희망을 주려면 어떤 제도가 필요할까?"

내가 재차 묻자 그 직원은 잠시 생각하더니 다음과 같이 말했다.

"외국에는 저소득층을 위한 자산 형성 프로그램이 있잖습니까?"

그 직원은 이미 마이클 쉐라든 교수의 논지를 이해하고 공감하고 있었다.

그날 이후 나는 더욱 자산 형성 프로그램의 실천 방안에 대해 골몰했다. 그리고 직원이 언급한 희망이라는 단어를 매일 가슴속에 되새겼다.

'그래. 가난한 서민도 열심히 노력하면 부자가 될 수 있다는 희망을 줄 수 있어야 해.'

오세훈 시장에게 지체 없이 희망을 주는 통장을 제안한 건 내 자신이 이 화두를 늘 가슴속에 품고 있었기 때문이다. 마침내 마음이 통하는 리더를 만나 내 생각에 날개를 달게 됐다.

공공부조 제도의 딜레마

오 시장은 내 말을 진지하게 경청했다. 나는 쉐라든 교수의 자산 형성 프로그램인 IDA^{Individual Development Accounts}에 대해 설명했다.

IDA는 생활이 어려운 저소득 빈곤층이 일정 금액을 저축하면 정부나 기업에서 똑같은 액수를 지원함으로써 자발적 저축을 유도

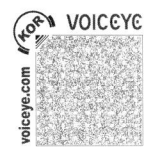

하는 미국의 제도다. 이를 통해 단순 생계비가 아니라 미래의 희망을 꿈꾸게 하는 목돈을 마련해주고 동시에 빈곤 탈출이라는 동기 부여도 하는 것이 목표다.

"그들이 저축하는 의지만 보이면 서울시가 매칭 펀드를 통해 똑같은 액수를 지원해주는 방식입니다. 자립 의지가 있는 사람들에게 더 많은 혜택이 돌아가도록 하는 겁니다."

오 시장의 눈이 반짝였다.

"그거 좋은 생각입니다. 당장 우리 형편에 맞게 실행할 방안을 찾아보세요. 저는 예산 상태를 점검해보죠."

기분 좋게 시장실을 나왔지만 다소 어안이 벙벙했다. 순식간에 결정됐기 때문이다.

이 제도의 취지는 이렇다. 가난을 탈출하는 가장 좋은 방법은 저소득층 스스로 자산을 형성하도록 해 가난에 빠지지 않도록 예방하는 것. 즉 소득 보장도 중요하지만 자산 형성이 더 중요하다는 의미이다. 이는 이제껏 시혜성 현금 지급에만 의존했던 기존의 복지 정책 관행에서 보면 새로운 패러다임이 아닐 수 없었다. 이 새로운 아이디어를 서울시의 수장이 흔쾌히 받아들인 점은 굉장히 고무적인 일이었다.

서울시가 기초생활수급자들을 위해 지출하는 예산은 연간 1조 원에 달한다. 그런데 그 많은 예산을 쏟아붓는데도 서울의 저소득 빈곤층의 도시 생활 만족도는 현저하게 낮다. 수급권자들이 빈곤에서 탈출하고 수급권자 지위에서 벗어나는 비율 역시 턱없이 낮다.

이는 우리뿐 아니라 각국의 복지 제도가 갖고 있는 딜레마 때문이다. 현재 복지 제도의 근간은 공공부조 제도이다. 이를 뒷받침하는 국민기초생활수급에 관한 법률은 4인 가족 기준 약 140만 원 정도의 생계비를 수급권자에게 지급하도록 규정하고 있다. 공공부조 제도는 최저 생계는 사회가 보장하고 이를 기반으로 그들이 빈곤에서 탈출하도록 돕는 것이다. 하지만 현실은 자활 사업이 추진되고 있지만 성공률은 겨우 2~3퍼센트에 이를 뿐이다.

특히 금전 지원에 한정된 공공부조 제도는 140만 원을 약간 상회하는 일자리가 생겼을 때 차라리 기초생활수급비를 받는 상황에 머물도록 유도 아닌 유도를 하고 있다. 즉 한 번 가난에 빠지면 좀처럼 헤어나기 힘들게 만드는 것이 현행 공공부조 제도인 것이다.

후일 오 시장은 공공부조 제도로는 가난의 대물림을 끊을 수 없다고 생각해 고민이 컸다고 털어놓았다. 그러던 차에 내가 제시한 아이디어를 듣고 바로 '감'이 왔다고 했다.

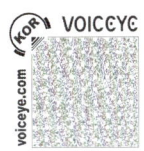

장애물은 넘으라고 있는 것이다

오 시장의 강력한 지원에 힘입어 바로 시범 사업 착수에 들어갔다. 그런데 실행 계획을 수립하려니 서울시의 예산 상황이 여의치 않았다. 그래서 우리는 민간 후원금을 받기로 결정했다.

그날부터 나는 발바닥에 땀이 나도록 기업 간부들을 만나러 다녔다. 우리 정책을 소개하고 후원금을 요청하기 위해서였다.

"궁극적으로는 국가의 경쟁력을 높이는 획기적인 사업입니다. 국가의 경쟁력이 높아지면 당연히 기업도 성장합니다. 부디 후원금 부탁합니다."

그러기를 몇 주. 드디어 한 기업이 후원을 약속했다.

"만세!"

나는 환호를 질렀다. 서둘러 시청 기자실에서 기자회견을 열었다. 모든 것이 일사천리로 진행되는 듯했다. 하지만 복지의 새날은 쉬이 오지 않는 것일까? 갑자기 후원 기업의 재정 상태가 급속도로 나빠지더니 후원이 힘들어졌다.

내 고민은 커져갔다. 그러나 이대로 주저앉을 수는 없었다. 그 후 다시 용기를 내서 대한민국 10대 대기업 간부들과 100여 회 이상 미팅을 했다. 하지만 사업에 선뜻 후원하겠다는 기업은 없었다. 검증되지 않은 사업이라 불안하다는 것이 주된 이유였다. 시행 시기는 갈수록 미루어졌다. 재단 대표로서 오 시장에게 일을 보고할 때마다 면목이 없었다.

오 시장 역시 걱정 어린 눈빛으로 한숨을 쉬면서도 단호하게 말했다.

"재단의 약속은 곧 시의 약속과도 같습니다. 절대 약속을 어겨서는 안 됩니다."

나는 두 어깨에 내려앉은 묵직한 책임감 때문에 자리에서 일어서기조차 힘들었다. 겨우 시장실을 나와 재단 사무실로 돌아왔지만 직원들의 풀 죽은 모습을 보니 다시 민망해졌다. 직원들도 새로운 사업이라며 열의를 가지고 노력했지만 별다른 성과가 없어 낙담한 상태였다. 사업 계획을 처음부터 점검하고 기획한 담당 부장은 아예 낯빛이 흑색이었다.

'다른 대책을 세우자.'

궁리 끝에 필요한 후원금을 잘게 나누어 후원자를 모집하기로 했다. 후원자들의 개별 부담을 덜어서라도 사업 진행에 물꼬를 트고 싶었다.

그렇게 반년쯤 지났다. 조금씩 희망이 보였다. 산고 끝에 한국전산감리원, 중부발전, KT&G 복지재단 등에서 후원금을 내겠다고 약속했다. 중부발전은 오 시장이 두 발로 직접 뛰어 설득한 끝에

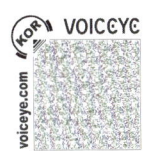

후원을 약속 받은 터라 더욱 고마웠다. 나는 얼마나 기쁜지 냉큼 시장실에 전화를 걸었다.

"시장님, 드디어 시범 사업을 할 수 있게 됐습니다."

자립 복지의 씨앗을 뿌리다

2007년 11월 드디어 첫 시범 사업이 시작됐다. 정식 이름은 '희망플러스통장'으로 정했다. 저소득층이 매달 20만 원을 납입하면 재단에서 같은 금액을 적립해줌으로써 3년 후 이자 포함 1,500만 원 이상의 목돈을 쥐게 되는 형식이었다.

시범 사업부터 신청을 공개적으로 받을 상황은 아니었다. 서울시의 25개 구청과 지역 자활 센터를 통해 신청을 받을 계획이었다. 하지만 기자회견을 통해 기사가 나간 터라 시민들의 신청 전화가 쇄도했다. 일단 시범 사업이니만큼 100명을 뽑았다. 꼼꼼한 면접을 통해 자활 의지를 가지고 성실하게 일할 사람을 뽑아야 했다. 나는 직접 면접 자리에 나갔다. 서민들의 고충을 듣고 싶어서였다.

"IMF 때 남편의 빚 때문에 이혼하고 두 아이와 빈털터리로 거리에 나앉았어요. 지금은 간병 도우미로 열심히 일하고 있습니다. 꼭 저희 가족을 도와주세요."

"실직한 후 변변한 직장도 없이 일용직 근로자로 살고 있습니다.

하지만 비 오고 눈 오는 날 빼곤 열심히 일하고 있으니 저축할 수 있어요. 뽑아주시면 정말 열심히 살겠습니다."

사연 없는 인생이 어디 있을까만 서민들의 생활고는 생각 이상으로 안타까웠다. 그들의 절박한 사연에 생각 같아서는 신청자 모두에게 희망플러스통장을 만들어주고 싶었다. 하지만 당시 확보한 예산으로는 100명이 한계였다. 밤새 신청서를 읽고 또 읽고 면접 내용을 상기하고 또 상기하면서 100명을 추렸다.

마침내 출정식이 열린 날. 강당에 모인 100명의 희망플러스통장 참가자들의 눈빛은 희망으로 빛났다. 앞서 소개한 최 씨처럼 3년 후 목돈을 가지고 포장마차를 하리라는 인생의 목표가 생긴 덕분이리라. 나는 그날 인생의 기쁨을 느꼈다.

드디어 대한민국 서울시에 스스로 일어서게 하는 자립 복지의 씨앗이 뿌려진 것이다. 자립 복지란 시민들이 국가의 혜택을 일방적으로 받는 의존적인 형태에서 벗어나 스스로 자기 인생을 창조하도록 지원하는 유형의 새로운 복지 개념이다.

그 뒤로 복지재단 게시판에는 감사의 글이 쇄도했다.

"오늘부터 도시락을 들고 다닐 겁니다. 매달 희망플러스통장에 저축하려면 허리띠를 졸라야지요. 그래도 기쁩니다."

"통장에 돈이 쌓이는 게 아니라 자신감이 쌓입니다. 저도 목돈을

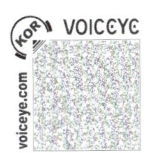

만질 수 있다니 꿈만 같습니다."

"3년 후에 대학생 되는 우리 아들에게 입학금으로 줄 겁니다. 아들 대학도 못 보내고 평생 죄인으로 살 뻔했는데 하늘이 도와주는군요. 제겐 하늘이 바로 서울시입니다. 정말 고맙습니다."

복지 전문가를 감동시킨 오 시장

시범 사업 참가자 100명 중 지금까지 계속 입금하는 사람은 98명이다. 기적 같은 숫자다. 단 두 명만이 탈락됐다. 한 명은 신용불량자가 된 아들의 빚을 갚기 위해 어쩔 수 없이 해약했고 또 한 명은 서울시에서 다른 시로 이사를 가야 했기에 해약했다. 결국 둘다 불가피한 상황 때문에 끝까지 함께하지 못한 것이지 출정식 때의 초심이 사라진 건 아니었다. 결과적으로 시범 사업은 아주 성공적이었다.

서울시와 복지재단은 본격적으로 1차 사업을 추진했다. 시범 사업의 성공으로 후원 기업이 늘었기에 1차 때는 대상자 2,000명을 뽑았다. 2차 때는 8,000여 명, 3차 때는 1만 명으로 그 수는 가파르게 증가했다. 결국 희망플러스통장은 시행한 지 4년 만에 확고히 그 뿌리를 내린 셈이다.

이렇게 성공을 거두기까지는 희망플러스통장의 전도사를 자임한 오세훈 시장의 공이 크다. 자립 복지라는 말도 실은 오 시장이 생각해낸 것이다. 그는 가난의 대물림을 막기 위해서는 시혜를 주는 복지가 아니라 스스로 일어서도록 돕는 복지 즉 자립 복지를 실행해야 한다며 가는 곳마다 설파했다.

복지 전문가가 아닌 그가 어떻게 해서 그런 개념을 생각해냈을까? 참 궁금하기도 하고 고맙기도 했다. 나는 그가 시장에 취임하기 전 쓴 공저 『우리는 실패에서 희망을 본다』를 읽어보았다. 영국·독일·중국·일본 그리고 라틴아메리카 등이 겪은 영광과 좌절의 시간을 돌아보는 내용이었다. 놀랍게도 그 책의 한 장은 서구의 복지 모델을 분석하고 이를 우리 사회에 대입하는 내용으로 채워져 있었다. 사실 오 시장이 복지를 심도 있게 연구하고 있으리라고는 생각하지 못했다.

그가 직접 기획해서 수많은 토론을 거친 끝에 전문가들과 공동 집필했다는 이 책에는 복지에 대한 오 시장의 철학과 식견이 고스란히 담겨 있었다. 그가 내게 가난의 대물림을 막을 방도에 대해 물으며 복지의 새로운 패러다임을 만들고 싶다고 했던 배경이 무엇이었는지 비로소 알게 됐다.

희망플러스통장에 대한 그의 애착은 유난하다. 하루는 시장 집무실에서 회의를 마치고 일어서는데 오 시장이 말했다.

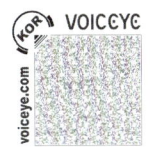

"이 대표님, 오늘 저녁에 바쁘신가요?"

"특별한 일은 없습니다만."

갑자기 그의 눈빛이 어린아이처럼 반짝였다.

"저녁에 기업인들과 식사 모임이 있는데 저랑 같이 가셔서 희망플러스통장 이야기를 하시죠."

오 시장과 함께한 저녁 식사 모임은 담담하고도 화기애애했다. 오 시장은 분위기가 무르익자 희망플러스통장으로 자연스레 화제를 바꾸었다. 나는 기업인들에게 희망플러스통장의 의미와 기금의 필요성을 설명했다. 그리고 성공적인 시범 사례도 이야기했다. 기업인들은 시범 사업의 놀라운 성과에 조금씩 반응을 보였다.

"부디 멀리 보십시오. 그들이 일어서면 기업도 일어섭니다."

나는 다시 한 번 강조했다. 그 뒤 후원 기업의 수는 거짓말처럼 늘어났다. 덕분에 3차까지 2만여 명 이상을 후원할 수 있었다. 오 시장이 기업인들과의 식사 모임에 나를 초대하고 멍석을 널찍하게 깔아준 효과를 톡톡히 본 것이다.

뿌리내린 자립 복지

최근 나는 오 시장과 희망플러스통장 참여자들의 만남을 주선했다. 오 시장은 그들의 근황을 알고 싶어했다.

"과연 그분들이 달라졌을까요?"

오 시장은 희망플러스통장 참여자들이 모인 강당으로 발걸음을 옮기면서 호기심 어린 말투로 물었다. 나는 그저 웃음으로 대답했다. 우리가 강당에 들어서자 모두들 환호의 박수를 쳤다. 우리는 한 사람 한 사람 일일이 손을 맞잡았다.

한 남자가 말했다.

"저는 사이버 대학에 입학했습니다. 그동안은 실패한 인생이라 생각했지만 지금은 성공하리라는 희망을 품고 삽니다."

그의 뜨거운 열정이 느껴졌다.

한편 요리사 자격증이나 공인중개사 자격증을 준비하는 이들도 있었다. 그들은 그렇게 저축 외에도 또 다른 일들을 추진하고 있었다. 무엇보다 희망을 품고 사는 모습이 흐뭇했다.

한 아주머니는 통장에 가입한 후로 언제나 웃게 됐노라고 토로했다. 그날도 웃으며 말했다.

"덕분에 아이들에게 짜증을 부리지 않는 좋은 엄마가 됐죠."

노숙인 신분으로 희망플러스통장에 가입한 남자도 있었다. 그는 내 손을 잡고 꽤 긴 이야기를 풀어냈다.

그는 가정불화로 아내와 헤어지고 도시를 떠돌며 살았다. 괴로운 나머지 알코올 중독에 빠졌다. 술을 마시면 자기 통제가 되지

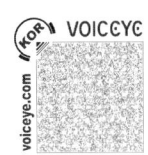

않아 툭하면 사람들에게 시비를 걸고 주먹질하기 일쑤였다. 몇 달을 그렇게 지내다 문득 정신을 차렸다. 그 후 부산의 유명한 절에 들어갔고 스님의 비서가 되기도 했다. 그는 하루하루를 술을 견뎌내며 열심히 수행했다. 그러나 안타깝게도 그는 더 이상 수행의 시간을 견디지 못하고 절에서 뛰쳐나오고 말았다. 절에서 받은 월급은 인터넷 도박으로 3일 만에 탕진하고 수중에 1만 원만 지닌 채 지하철 역사 구석에 자리를 잡았다. 그렇게 노숙한 3일 동안의 생활은 말 그대로 지옥이었다. 사람들 시선도 그랬지만 무엇보다 추위가 견디기 힘들었다.

이러다 얼어죽겠다 싶을 때 한 신사가 다가와 말했다.

"여기 이러지 말고 노숙인 쉼터로 가세요. 거기 가면 편히 잘 수 있어요."

"쉼터에서 나온 분인가요? 저를 정말 재워주는 겁니까?"

바람 들지 않는 곳에서 제대로 몸을 누일 수만 있다면 무엇이든 할 생각이었다. 그는 쉼터에서 생활하며 '노숙인 일자리 주기' 사업에 참여해 환경미화원이 됐다.

그는 고약한 냄새를 풍기는 쓰레기를 치우면서도 속으로 희망을 품었다.

'이렇게 일하고 월급을 받으니 행복하다. 나도 이제 자립할 수

있어.'

그러던 어느 날 쉼터 도우미가 희망플러스통장 이야기를 꺼냈다. 그는 당장 신청해 면접을 보았고 마침내 출정식에 참여하게 된 것이다.

"사실 많이 창피했어요. 서울시의 도움을 받는다는 생각에."

요즘은 차곡차곡 돈이 쌓이는 즐거움에 절로 신이 난다고 했다. 3년 후 목돈으로 무엇을 할지는 아직 정하지 않았다. 하지만 이런저런 생각만으로도 즐겁단다. 그는 3년 내내 즐거운 고민을 멈추지 않을 것이다.

"만기일까지 꼬박꼬박 입금해야 합니다."

나는 당부했다.

그날 우리는 참여자들의 눈빛을 보았다. 출정식에서 본 눈빛보다도 훨씬 강고해진 눈빛이나 절망에 지친 눈빛이 아니라 희망이 서린 눈빛이었다. 꿈을 포기한 눈빛이 아니라 미래를 계획하는 눈빛이었고 실패하지 않고 반드시 성공하겠다는 눈빛이었다.

참가자들은 소비자·경제·인문학 교육과 더불어 창업과 재무 컨설팅 등을 받으며 주체적 인간으로서 자각함과 동시에 희망의 메시지도 얻었다. 목돈은 창업과 교육 및 주거 이전이라는 목적에 사용되겠지만 목돈을 모으는 과정에서 그들은 목표 의식과 희망을

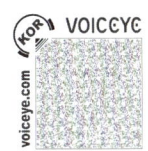

가짐으로써 눈빛은 물론 얼굴 표정과 말투까지 바뀌게 됐다.

오 시장은 그들의 눈빛을 잊을 수 없다고 했다. 그는 희망플러스 통장 규모를 늘리라고 지시했다. 2009년 말까지 희망통장 대상자를 1만 가구로 확대하되 일정 예산은 시에서 부담하기로 했다. 시범 사업 기간이 3년인데 1년 만에 확대 결정을 내리는 건 쉽지 않은 일이다. 행정 관행상 그렇다. 그러므로 오 시장의 결정은 예외적인 경우였다. 어렵게 씨를 뿌린 자립 복지가 점점 튼실하게 뿌리를 내리고 있다는 증거였다.

나는 그날 참가자들에게서 한 가지 교훈을 얻었다. 복지란 사람이 희망이라는 것을 증명하는 그 이상도 그 이하도 아니라는 사실 말이다.

그럼에도 불구하고 정신

늘 불행하거나 늘 행복한 사람은 없습니다. 때로는 불행하고 가끔은 행복한 것이 보통 사람들의 삶입니다. 그러나 가난은 아주 긴 터널처럼 우리를 지치게 합니다. 그럴 때 외치는 주문이 있습니다. 그럼에도 불구하고! 지치고 힘들 때 마음껏 외치십시오. 그럼에도 불구하고 내겐 꿈이 있습니다.

이 말은 영화배우 남궁원 씨가 희망플러스통장 참여자들에게 남긴 말이다. 2009년 7월 서울시는 희망플러스통장 참여자들과 강수연, 박상원, 전영록, 남궁원 등 한국영화배우협회 소속 연예인들을 결연시키는 '희망친구 결연식' 행사를 개최했다. 연예인들이 희망플러스통장 기부자로 참여한 것이다.

이날 남궁원 씨는 연예인들을 대표해 참석자들에게 희망의 메시지로 '그럼에도 불구하고'란 말을 했다.

나는 감동을 받아 이 희망의 메시지에 '그럼에도 불구하고 정신'이라는 이름을 붙였다. 그리고 그럼에도 불구하고를 우리 재단의 에너지 메모로 쓰기로 했다.

사실 희망플러스통장 참여자들은 대부분 한 부모 가정이거나 장애인 부양 가구이거나 조손 가정이라 사회적 보호가 필요한 계층이다. 선정자의 85퍼센트는 소득 인정액이 최저 생계비의 150퍼센트 이내인 차(次)상위계층이다. 다들 힘겹게 하루하루를 이어가고 있다. 하지만 희망플러스통장을 통해 희망을 적립하고 스스로를 독려하는 이들이야말로 진정한 '그럼에도 불구하고 정신'의 선두 주자가 아닐까? 빈곤의 악순환으로 절망에 빠진 이들이 그럼에도 불구하고 정신만 가질 수 있다면 복지의 미래는 밝다. 희망플러스통장이 그들에게 용기를 북돋아주니 마음이 참 뿌듯하다.

복지가 예산을 절감하게 만든다

2010년 초 현대리서치연구소는 희망플러스통장 참가자 365명을 대상으로 만족도, 태도 변화, 개선 사항 등을 조사했다. 그런데 결과가 흥미롭다. 통장 사업 참가자의 무려 96퍼센트가 사업 전반에 만족한다고 했고 80퍼센트는 긍정적 의식 변화를 가져왔다고 답한 것이다. 88퍼센트는 저축 및 소비 습관이 개선됐다고 답했다. 특이한 점은 응답자의 71퍼센트가 통장 사업 참가 후 가족 관계가 개선됐다고 평한 것이다. 오 시장이 이야기한 자립 복지가 마침내 가지를 뻗기 시작한 셈이다.

희망플러스통장을 통해 가족 모두가 공동 목표를 갖고 꿈을 꾸게 된 점이 결과를 가져왔다고 본다. 이 결과는 각국의 복지 전문가들이 주목할 정도로 성공적이라 할 수 있다.

미국 워싱턴 대학교는 서울시 복지재단과 함께 한국과 미국의 자산 형성 제도에 대해 공동 연구를 진행하고 있다. 희망플러스통장의 모태가 된 IDA를 고안한 마이클 쉬라든 교수는 언론 인터뷰에서 다음과 같이 말했다.

"시작은 나와 미국이 먼저 했지만 자산 형성 사업의 선두 주자는 단연 한국입니다."

후한 평가가 계속 이어지자 어느 기자가 마이클 쉬라든 교수에게 단도직입적으로 질문했다.

"정말 한국이 그렇게 앞서 가고 있습니까?"

"물론입니다. 나는 사실을 말할 뿐입니다. 서울에서 배울 점이 아주 많습니다."

마이클 쉬라든 교수는 회의 참석차 서울을 찾았을 당시 강연료와 교통비 명목으로 지급받은 약 700만 원을 희망플러스통장에 쾌척하기도 했다. 그때 그 희열에 찬 모습이 아직도 생생하다.

나는 우리의 희망플러스통장이 방글라데시 그라민 은행의 유누스 총재가 시작한 '마이크로 크레디트'보다 한 차원 앞선 자산 형성 제도라고 확신한다. 2009년 말 한 일간지에 흥미로운 기사가 났다.

기초생활수급권자를 포함한 3만 명이 희망플러스통장을 통해 기초생활수급자 등에서 벗어난다면 15년 뒤 약 2조 원 이상의 예산이 절약되리라는 분석 기사였다. 이 같은 정책이 전국적으로 확산돼 10만 명이 수급자 등에서 탈피하면 무려 7조 원 이상의 예산 절약 효과가 있으리라는 분석도 나왔다. 사업 초기 여러 변수를 고려해 내가 분석한 내용과 거의 유사한 결론이라 더욱 반가웠다.

원리는 간단하다. 수급자가 되면 4인 가족 기준 월 140만 원 정도를 평생 정부가 지급해야 한다. 그런데 이들에게 3년 동안 일정

액을 지원해 수급자에서 벗어나도록 돕는다면 그들은 평생 납세자로 산다. 3년 투자로 평생 납세자 한 명을 추가하게 되는 것이다. 이들이 만약 희망플러스통장으로 모은 목돈으로 창업까지 한다면 고용 효과까지도 거두게 된다.

다시 말해 복지가 단지 부의 재분배에 그치지 않고 미래를 위한 투자가 될 수 있음을 희망플러스통장이 증명한 셈이다. 복지가 투자가 될 수 있다는 이 모델이야말로 복지의 새로운 패러다임이 시작됐음을 웅변하고 있다.

이제 희망플러스통장의 기반은 갖추어졌다고 자부한다. 그동안 가입자가 빠르게 늘면서 서울시 복지재단의 힘만으로는 체계적인 관리가 어려워졌다. 그래서 작년에 각 동에 있는 복지 기관 90여 곳을 파트너 기관으로 선정했다. 각 파트너 기관이 많게는 400명까지 가입자들을 관리하고 있다. 그들은 자체적으로 별도의 모임을 개최하고 있다. 두 달에 한 번씩 통장 식구들끼리 자조 모임을 갖고 서로 격려하고 있다.

얼마 전 워싱턴 대학교의 남윤주 교수가 귀국해 이 모습을 보더니 깜짝 놀랐다. 남 교수는 온라인 카페가 활성화된 점을 특히 주목했다.

"국제 학술지에 발표하겠습니다. 다른 나라가 벤치마킹할 만한 모범적인 사례입니다.”

인터넷 강국이라는 점을 십분 활용한 결과였다.

통장 사업이 점차 알려지면서 기쁜 일도 많이 생겼다. 종교계 기부는 물론 민간의 자발적 참여가 활발해진 것이다. 예컨대 스포츠 스타 홍명보 감독은 3년째 해마다 5,000만 원을 기부한다. 서울시는 참여 가구를 대폭 늘려 올해까지 총 3만 가구에게 혜택이 돌아가도록 박차를 가할 예정이다.

첫 시범 사업에 참가한 100가구 중 현재까지 탈락하지 않은 98가구는 2010년 올해가 적금 만기가 되는 해다. 희망이 가득한 그들의 표정을 빨리 보고 싶다.

남은 바람이 있다면 서울이 먼저 시작한 이 프로그램을 중앙 정부가 받아들이는 것이다. 전국의 저소득층이 자산을 형성하고 자기 창조가 가능한 인생을 살았으면 하는 마음이 간절하다.

오 시장은 복지에 미쳐 있다

오세훈 시장은 희망플러스통장을 처음 시행할 때 나 못지않게 기업들을 쫓아다니며 지원을 요청했다. 후원 업체가 좀처럼 늘지 않아 시행이 자꾸 늦어지고 있었다. 나도 속이 바짝 탔지만 오 시장 역시 걱정이 가득했다.

"희망플러스통장 사업이 언제 시행된다고 하던가요?"

오 시장이 하도 자주 질문하는 바람에 관련 직원이 몸 둘 바를 모르겠다고 내게 하소연할 정도였다. 시행이 미루어지는 게 그의 탓도 아닌데 시장이 직접 기업들에게 손을 벌리고 다닌다는 말에 마음이 숙연해졌다.

나는 오 시장에게 전화를 걸어 일부러 농담처럼 말하고는 했다.

"오 시장님, 오늘 앵벌이는 어떠셨나요?"

그러면 그는 크게 웃으며 답했다.

"오늘은 일진이 안 좋습니다."

희망플러스통장의 홍보 대사인 홍명보 감독과 홍명보 장학재단이 상암 월드컵 경기장에서 자선 축구대회를 개최했다. 그날 모은 돈은 희망플러스통장에 기부할 예정이었다. 그날의 하이라이트를 위해 우리는 오세훈 시장과 대한축구협회 명예 회장인 정몽준 의원을 초대해 축구 시합에 참여해주십사 부탁했다. 둘은 흔쾌히 허락했다. 하지만 유감스럽게도 정 의원이 다리를 다치는 바람에 계획이 무산될 위기에 처했다.

"없던 걸로 합시다."

나는 진행을 맡은 직원에게 말했다.

오 시장이 혼자 뛰기 머쓱해 안 나올 거라 생각했던 것이다. 하지만 그건 기우였다. 그가 축구복을 차려 입고 환하게 웃으며 경기장으로 걸어오고 있었다. 그는 땀을 뻘뻘 흘리며 공을 찼다. 얼굴에는 연신 함박웃음이 차올랐다. 오 시장 덕분에 그날 경기는 제대로 빛이 났다.

서울시장이란 자리가 얼마나 바쁜 자리인가. 그런데도 그는 재단에 행사가 있다 하면 동에 번쩍 서에 번쩍 하고 나타난다. 실무를 맡은 입장에서는 그의 등장 자체가 고마울 따름이다. 큰 영향을 발휘하기 때문이다. 한 마디로 오 시장 만세다.

오 시장은 자신을 필요로 하는 자리라면 물 불 안 가리고 참석한다. 그런 그를 보면 '오 시장은 복지에 미쳐 있다.'는 말에 전적으로 동의하고 만다.

2장

정신적 자립으로
복지를 세우다

노숙인 박 씨의 변신

그날 박 씨와 나는 자판기 커피를 마시며 마주 앉았다. 그는 공책을 펼쳤다.

"오늘 수업 중 받아 적은 겁니다. 형광펜으로 체크한 건 모르는 단어고요. 선생님께 여쭈어볼까 하다가 집에 가서 사전을 찾아보려고 체크한 것이죠."

그는 얼마 전만 해도 지하도를 전전하던 노숙인이었다. 그런 그가 지금 내게 공책을 보여주고 있다. 그는 서울시가 운영하는 '희망의 인문학' 과정의 수강생이다.

어느 날 그는 지하도에 앉아 있다가 한 남자의 권고를 받았다고 했다. 서울시에서 운영하는 좋은 강좌가 있는데 와서 들어보라는

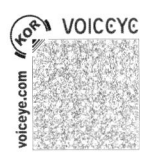

거였다. 그는 강좌라는 말에 헛웃음부터 나왔단다. 경제적 문제도
걸림돌이었지만 가난 때문에 못 배웠다는 열패감이 늘 분노와 무
력감을 심어주었기 때문이다.

"기본이 없으니까 뭘 해도 안 되리라 생각한 거죠."

처음에는 할 일도 없으니 가보자는 심정으로 참여했다. 그런데
그곳은 완전히 다른 세상이었다. 대학 교수들이 괴테의 『파우스
트』와 셰익스피어의 『햄릿』을 가르치고 있었다. 평생 못 보고 죽을
지도 모를 책이었다. 강의를 듣는 이들은 자신 같은 노숙인 혹은
저소득층이었다. 분위기에 눌려 그도 슬며시 엉덩이를 붙이고 앉
았다. 30년 만에 시작한 공부였다.

처음에는 온몸이 쑤셨다. 책상에 앉아 있는 자체가 곤욕이었다.
다리를 떨기도 하고 이빨로 연필을 자근자근 씹기도 하면서 시간
을 보냈다. 깜박 졸기도 했다. 그런데 어느 순간 강사의 말이 들리
기 시작했단다.

"별은 불이 아닐까 의심하고 태양은 과연 움직일까 의심하고 진
리도 거짓이 아닐까 의심할지라도 나의 사랑만은 의심하지 말아
주오. 사랑하는 오필리어!"

그는 햄릿이 연인인 오필리어에게 고백하기 위해 쓴 편지글이
무척 아름다워 공책에 옮겨 적었다. 그는 지금 자신의 생각을 담은

글을 서툴지만 쓸 수 있다. 같이 배우는 친구들과 강의 내용을 토론하면서 더 많은 걸 배운다고도 했다.

그는 희망의 인문학을 소개해준 복지관의 도움으로 노숙인 생활을 접고 자전거 수리공 생활을 시작했다.

"이제 시간이 날 때마다 제 생각을 글로 써보기도 합니다. 일기를 쓰면서 하루하루를 정리하고 반성도 하고요."

그는 이야기를 마치며 노트를 소중하게 챙겼다.

"요놈이 제 보물 1호죠. 1년 동안 희망의 인문학 시간에 배운 걸 적은 노트거든요."

정신적 가난이 물리적 가난을 부른다

2007년 겨울쯤으로 기억한다. 서울시에서 '희망의 인문학'이라는 프로그램을 준비하고 있다는 소식이 들렸다. 정말 반가웠다. 희망의 인문학은 저소득 빈곤층과 노숙인 등에게 역사·철학·전시·공연 등 인문학을 가르치는 프로그램이다. 원래 미국 작가 얼 쇼리스Earl Shorris가 시도해 큰 성공을 거둔 빈민 구제 정책으로 유명하다. 그걸 서울시가 우리의 형편에 맞추어 운영해보겠다는 것이었다.

나는 정책을 제안한 직원을 찾아가 크게 칭찬해주고 싶었다. 하

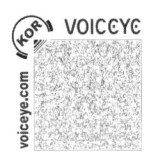

지만 그 기회는 갖지 못했다. 제안자가 오세훈 시장이었기 때문이다. 속으로는 더 반가웠다. 시장이 정책 아이디어를 직접 내고 지시할 정도면 일이 제대로 될 것 같아서였다. 오 시장은 얼 쇼리스의 책을 읽고 큰 감명을 받았다고 했다.

얼 쇼리스의 책에 이런 대화가 나온다. 쇼리스가 살인죄로 8년째 복역 중인 여죄수를 취재하며 나누는 대화 내용이다.

"가난한 사람들은 왜 계속 가난하게 살까요? 그 이유가 뭐라고 생각하세요?"

"우리는 잘사는 사람들이 누리는 정신적인 삶을 누리지 못하기 때문이죠."

"정신적인 삶? 당신이 얘기하는 정신적인 삶이란 게 뭐죠?"

"있잖아요. 음악회나 미술 전람회 같은 거요. 강연회도 그렇고요."

가난에 관한 주제로 책을 쓰려고 극빈자들을 인터뷰하던 얼 쇼리스에게 여죄수는 뜻밖의 말을 건넸다. 그녀는 가난의 이유로 정신적인 삶의 결핍을 꼽은 것이다. 그녀가 말하는 정신적인 삶이란 철학·문학·역사 등 흔히 말하는 인문학을 공부하는 것이었다.

그녀는 이런 이야기도 덧붙였다.

"우리 아이들을 음악회나 박물관에 데려가주세요. 미술 전람회도 데려가주세요. 그러면 우리 아이들은 가난의 굴레에서 벗어날 거예요."

여기서 영감을 얻은 얼 쇼리스는 가난 때문에 교육다운 교육을 받지 못한 자들에게 대학 수준의 문화·예술·역사·철학 같은 인문학을 가르쳐보리라 결심했다. 그래서 저명한 교수와 전문가들을 초빙해 빈민층에게 강의하게 했는데 이것이 큰 성공을 거두었다.

'클레멘트 코스'라는 이름의 이 강좌를 수강한 빈민 중 상당수는 대학에 진학했고 새로운 일을 시작했다. 또 가족과 재결합했다. 이후 세계 여러 도시에서 이 강좌를 모델로 한 프로그램들이 생겨났고 모두가 상당한 효과를 거두었다.

서울, 희망의 인문학을 시작하다

오 시장은 그 책을 읽으면서 취임 초 만난 노숙인들을 떠올렸다고 한다. 당시 노숙인 쉼터를 찾아 실태를 점검하던 오 시장은 노숙인들과 설렁탕을 먹으며 물었다.

"제일 힘든 게 뭐죠?"

무뚝뚝한 표정으로 설렁탕을 먹던 노숙인 중 한 명이 '뭐 그런 걸 묻소?' 하는 표정으로 그를 바라보았다.

"서울시는 어떻게든 여러분을 도울 겁니다. 믿고 말씀해보세요."

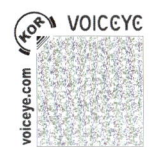

그러자 한 노숙인이 입을 열었다.

"스스로를 이길 수 없는 것이오."

"무슨 말씀인가요?"

"우리라고 왜 열심히 일하면서 살고 싶지 않겠습니까? 비록 일용직으로 열심히 일하다가도 이런다고 뭐가 나아질까 하는 생각에 다시 소주병 들고 길거리로 간답니다."

무기력하다 못해 비루한 일상에 덤덤해진 그들의 모습에 오 시장은 할 말을 잃었다. 설렁탕 한 그릇은 이들에겐 그저 한 끼 식사일 뿐이었다. 먹고 나면 다시 노숙인으로 돌아갈 것이다.

나도 알코올 중독으로 고생하는 이들을 만났을 때 같은 느낌을 받았다.

"술을 마시면서 무슨 생각을 합니까?"

"생각요? 나란 놈은 생각 같은 건 없소. 술 마시면 좋은 게 뭔 줄 아시오? 아무 생각도 안 난다는 거요."

술이 깨면 처지를 비관하고 세상에 대한 원망만 키우니 술에 취하지 않은 시간이 그들에게는 오히려 지옥이었다. 술이라도 먹으면 신경이 마비돼 그나마 원망도 근심도 하지 않으니 살 만하다는 것이다.

그들에게는 스스로를 부끄러워하는 사고가 필요했다. '내가 왜 이것밖에 안 되지? 난 더 나은 삶을 살 수 있어.' 하는 진취적인 의미의 부끄러움 말이다.

　오 시장도 같은 생각을 한 듯했다. 그는 자신의 책에서 이렇게 적었다.

　"노숙인 중에는 자신의 처지를 비관해 자포자기하는 사람이 많다. 그들은 대개 술에 찌들어 있는데 그들 눈에서는 어떠한 희망도 자존감도 읽을 수 없었다. 가난을 극복하기 위해서는 무엇보다 그들의 눈빛을 앗아간 무기력부터 극복해야 한다는 생각이 들었다. 시혜성 복지 대책으로는 당장의 생계에는 도움을 줄 수 있을지언정 삶의 무력감까지 걷어낼 수는 없다."

　앞에서 노숙인 박 씨를 자전거 수리공 박 씨로 바꾸어놓은 희망의 인문학은 그렇게 시작됐다.

인문학으로 인생을 바꾸다

　김 씨는 서울시가 운영하는 인정복지재단 '만나샘'에서 처음 만났다.

　"대표님, 저희 복지관에 자활에 적극적인 분들이 있는데 사후 관리가 필요합니다. 만나서 조언해주세요."

　그는 올해 쉰이었다. 지난해 봄 희망의 인문학에 입학한 후 인생

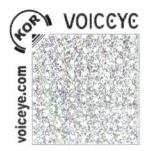

의 목표가 생겼으며 중식 자격증 필기시험을 준비 중이라고 했다.

그는 을지로와 서울역 지하도를 전전하던 노숙인이었다. 시골에서 초등학교만 졸업하고 서울로 상경해 누나 집에 지내면서 매형이 운영하는 이발소에서 보조로 일했다. 누나 집이니까 눈치 안 받고 살겠거니 했는데 그게 아니었다.

"월급 한 번 제대로 받지 못하고 이용만 당한 셈이죠, 뭐."

그렇게 혼자 방황하다 중국집에 들어가 기술을 3년 정도 배웠다. 그러나 연로한 부모를 보살피느라 시골로 오르내리기를 반복하다 보니 어영부영 이십대가 지나갔다. 어느덧 부모가 세상을 떠나고 김 씨는 재산 한 푼 받지 못하고 가족들에게서 소외됐다.

"형님이 논밭 다 팔아 당신 아들 소유로 이전해놓고 나는 거들떠도 안 보더라고요."

그 길로 노숙자 신세가 됐다. 서울 시내 가지 않은 곳이 없었다.

"가슴에서 울분이 터집디다. 누나와 매형이 나를 부려먹을 때 내 앞으로 통장 하나만 만들어줬어도 내 인생이 달라졌을 텐데."

그는 내성적인 성격에 속으로 화를 삭이느라 울화병이 생겼다. 사람들과 잘 어울리지도 못했다.

그는 서울시에서 운영하는 복지관의 도움으로 자활을 시작하게 됐다. 희망근로를 하면서 지낼 곳을 소개받았다. 수십 년 만에 처음으로 사람답게 사니 울화병이 조금씩 나아졌다. 그때쯤 희망의 인문학을 알게 됐다. 김 씨는 입학식 때의 기쁨을 아직도 잊지 못한다고 했다.

"얼마나 가슴이 두근거리던지 지금도 그 생각만 하면 가슴이 떨리네요."

그날 서울시장을 처음 보았다. 강당이 술렁였다. 잠시 후 오 시장이 말을 꺼내자 이내 조용해졌다.

"저도 달동네 판자촌에서 산 경험이 있습니다. 지금도 기억이 생생합니다."

그날 오 시장은 좀처럼 하지 않던 자신의 가정사를 털어놓았다. 부잣집 아들로만 보이던 그가 알고 보니 삼양동 달동네 출신이었다. 아버지는 회사가 부도 위기에 몰리면서 거의 월급을 받지 못하고 있었다. 가세가 급격히 기울어 결국 달동네까지 가게 됐다고 했다. 그는 화장실도 없고 전기도 들어오지 않던 집에서 어린 시절을 보냈다. 그는 어려운 형편을 극복하고 어떻게 이 자리까지 오게 됐는지를 차분한 목소리로 들려주었다.

"그때는 끼니 때우는 게 참 쉽지 않았어요. 매일 싸라기밥을 먹었죠. 늘 입이 깔깔하던 기억이 납니다. 힘들었지만 늘 책을 읽었죠. 부모님은 어려운 형편에서도 교육열이 대단했습니다. 어떻게

든 책을 읽고 공부를 했습니다. 제가 여기까지 온 건 끊임없이 배우고 공부했기 때문입니다."

김 씨는 그 말을 들으며 가슴이 뜨거워졌다고 했다. 마지막으로 오 시장이 '엄마가 아이를 품 듯 서울시가 여러분을 품고 가겠습니다.' 하고 말했을 때는 뜨거운 눈물까지 흘렸다고 했다.

그 후 김 씨의 생활은 기적처럼 바뀌었다. 매일 지하도를 전전하던 그가 수업에 참여하면서 새로운 세상을 깨우치기 시작했다. 그는 역사 시간이 가장 좋았단다.

"그 시간만큼은 단 한 번도 빠지지 않고 들었어요. 선생님이 장대한 꿈을 갖고 대륙을 지배한 민족들을 소개하면서 우리들도 가슴속에 큰 비전을 갖고 살아야 한다고 말하더군요."

그는 수업을 받으면서 자신감을 키웠다. 김 씨는 함께 수업을 받던 스무 명의 동기들도 마찬가지일 거라고 했다.

"가출한 분이 있었는데 강의를 듣고 다시 집으로 돌아갔습니다."

"왜 그랬다고 생각하세요?"

"제 생각에는 누구에게나 잠재돼 있을 뿐이지 표출하고 싶은 욕구들이 있거든요. 희망의 인문학이 그걸 끄집어내준 것 같아요. 저도 마찬가지죠. 저한테 이런 기회를 주지 않았다면 지금도 서울역에 엎드려 있겠죠."

그는 중식 필기시험에 합격해 어엿한 직장인으로 살아갈 날을 꿈꾸고 있다. 현재는 복지관 식당에서 봉사활동을 한다.

거기 있다 보면 예전에 함께 노숙했던 친구들이 밥을 먹으러 오는 걸 보게 된단다. 안타까운 마음에 같이 지내자고 해도 그들이 거절한다고 했다.

"이미 노숙하는 게 몸에 배어 이젠 헤어나지 못하는 겁니다. 안타깝죠."

평생 구경조차 못하리라 생각했던 학사모를 쓴 감회도 잊지 못한다는 김 씨.

"그때 얻은 자신감으로 평생 잘살 거라 생각해요. 내 나이 50인데 아직 늦지 않았다고 생각하거든요. 누추한 옷 입고 어딘가에서 쓰러져 있을 제게 이렇게 관심을 보여주시니 정말 감사합니다. 제 얘기를 이렇게 오래 한 건 정말 처음이네요."

인사는 정작 희망의 인문학을 제안한 오 시장이 받아야 했다. 이를 오 시장에게 전하면 그 역시 많은 힘을 얻으리라.

만나샘을 나서면서도 내 귀에는 그가 들려준 얘기가 계속 맴돌았다.

"아직 늦지 않았다고 생각해요. 이제부터는 뭐든 할 수 있습니다."

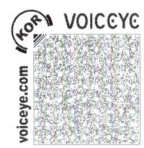

복지가 정신까지 책임진다

희망의 인문학이 시작된 지 1년 정도 지났을 무렵 시장실을 찾았다. 오 시장이 환하게 웃으며 내게 편지 한 통을 보여주었다.

원고지 칸칸마다 정성스럽게 연필을 눌러쓴 편지였다.

"희망의 인문학 참가자가 제게 직접 보낸 편지입니다. 대표님도 보세요."

편지의 주인공은 가난 때문에 초등학교조차 마치지 못한 어느 가장이었다. 마치 영화 「더 리더」의 여주인공 한나처럼 그는 글을 배우지 못했다는 수치감 때문에 자신을 세상으로부터 스스로 격리했다. 그렇게 수십 년을 살던 그가 서울시립대학교에서 열린 서울시 '희망의 인문학' 과정에 입학하면서 배움의 기회를 얻었다.

"공부를 마치고 집으로 돌아오면서 수십 번도 더 울었습니다."

그동안 맺힌 한이 눈물로 터져나온 것일까?

"살면서 가난한 부모님을 그토록 원망해본 적이 없었습니다."

그러기를 며칠 마침내 꿈과 희망이 가슴속에 들어서기 시작했다.

"저도 이 사회의 구성원이라는 자부심이 생깁니다. 삶에 희망을 주셔서 정말 감사합니다. 열심히 살겠습니다. 돈도 열심히 벌 겁니다."

편지 한 통에 가슴이 뭉클했다. 점점 사회로부터 경시되는 인문학. 하지만 인문학은 이렇게 사람에게 희망을 선사하고 있다.

오 시장이 나직한 목소리로 말했다.

"이럴 때는 정말 시장으로서 보람을 느낍니다."

그는 환하게 웃었다.

행복을 연구하는 학자들은 행복하게 살 능력을 갖춘 사람과 그렇지 못한 사람이 있다고 주장한다. 희망을 품고 그 희망을 이루기 위해 노력하는 사람과 희망조차 품지 못하는 사람이 있다는 것이다. 정말 행복해지는 법을 아는 것도 능력이다.

그 능력을 키우는 가장 좋은 방법은 역시 교육이다. 문학·미술·음악·역사·철학·사회 등 폭넓은 영역에 걸쳐 풍부한 소양을 기르게끔 환경을 조성해주어야 한다. 이러한 교육은 사람들이 자신에게 근원적 질문을 던지게 하고 또 스스로 해답을 찾도록 도움을 준다.

서울시 희망의 인문학 과정은 그러한 역할을 기대 이상으로 해냈다. 서울시가 지원하고 대학에서 운영하는 시스템으로 노숙인과 자활 근로자 및 저소득 주민들이 대상이다. 그동안의 성과는 놀라울 정도다. 첫해 입학생 300명 중 209명이 졸업장을 받았다.

사실 보통 사람들도 과정을 마치기까지 우여곡절을 겪게 마련인데 노숙인들이 수업 과정을 끝까지 마쳤다는 건 그야말로 대단한

의미가 있다.

수강생 중 82퍼센트는 강좌에 만족한다고 했고 95퍼센트는 강좌를 듣고 난 후 자신에게 변화가 있었다고 했다. 두 번째 해인 2009년에는 서울시가 인원을 대폭 늘려 1,500명 규모로 진행했다. 참여자가 1,643명이나 몰리는 등 반응이 더욱 뜨거웠다.

그중 노숙인이 33퍼센트나 돼 보람이 더 컸다. 노숙인들 중 73퍼센트가 수업을 끝까지 마쳤는데 그들은 인문학 과정을 통해 무기력을 극복했다. 희망의 인문학 과정은 그들에게 현물을 주는 복지 혜택이 아니라 더욱 중요한 정신적 복지 혜택을 주었다.

리더의 철학은 조직의 정체성과 조직이 추구하는 사업의 방향을 결정한다. 오세훈 시장의 복지 리더십의 핵심 중 하나는 복지 대상자들의 자립이다. 희망플러스통장 등을 통해 물질적 자립 기반을 마련해주는 것이 한 축이라면 또 다른 한 축은 희망의 인문학처럼 정신적 자립이 가능하도록 지원하는 것이다.

나는 오 시장이 가난에 시달리며 자존감을 잃어버린 사람들의 정신적 자립에 주목했다는 점을 높게 평가한다.

실사구시의 근간, 인문학

나는 신입생을 만나는 3월이 가장 즐겁다. 꽃 피는 교정도 아름답고 재잘재잘 속삭여대는 그들의 싱그러운 젊음도 좋다. 무엇보다 그들의 인생을 변하게 할 과제를 내주는 것이 가장 즐겁다. 바로 고전 읽기.

나는 신입생과의 첫 대면에서 아담 스미스의 『국부론』부터 지그문트 프로이트의 『꿈의 해석』까지 30여 권에 달하는 책 제목을 칠판에 적는다.

"졸업할 때까지 이 책들을 보는 게 토익이나 토플 시험보다 더 중요합니다."

학생들은 금세 지루한 표정을 짓는다. 고전을 고리타분하고 수능의 언어 영역을 치르기 위한 수단 정도로만 인식한 탓이리라. 하지만 억지로라도 고전을 읽힐 필요가 있다. 왜냐하면 4년 후 학생들이 확실히 달라진다는 걸 경험으로 알기 때문이다. 나를 따분한 교수쯤으로 여기던 학생들은 졸업 즈음에는 의젓한 모습으로 감사를 표한다.

"교수님, 고전을 읽은 덕에 세상을 보는 눈이 바뀌었습니다. 감사합니다."

이것이 고전의 참맛이다. 사람을 변하게 하는 힘 말이다. 고전은

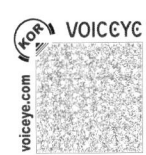

다른 게 아니다. 오랫동안 사람들에게 사랑을 받으며 사람을 긍정
적으로 변하게 하는 책이라면 고전의 범주에 속한다. 하루에도 수
많은 책들이 쏟아져나오지만 대개는 고전의 재해석에 불과하다.
수많은 실용 경제서에서 하는 말은 결국 아담 스미스의 『국부론』
을 변형한 것에 지나지 않는다. 무의식을 활용한 심리 에세이는 프
로이트와 융의 이론을 쉽게 풀이한 것일 뿐이다. 결국 고전이 토대
요 기본이라는 뜻이다.

사람은 빵으로만 살 수는 없다. 배부른 돼지보다 배고픈 소크라
테스가 낫다는 말이 있듯이 식욕도 중요하지만 지적 욕구 또한 사
람에게 아주 큰 의미가 있다. 기본을 갖춘 사람은 소위 오라^{Aura}가
있다. 많은 사람들이 오라라는 말을 유행어처럼 쓰고 있지만 이 말
은 독일 철학자 발터 벤야민이 예술 이론에 처음 적용한 말이다.

발터 벤야민이 사용한 원래의 뜻은 예술 작품의 흉내 낼 수 없는
고고한 분위기를 가리키는 것이었다. 벤야민은 기술 복제 시대의
예술 작품에 일어난 결정적인 변화를 오라의 붕괴라고 선언했다.
유일무이한 명작에서는 오라를 느낄 수 있지만 복제품이나 대충
만든 예술 작품에서는 느낄 수 없다. 오라가 있는 고전을 통해 복
제품이 아닌 유일무이한 자기만의 오라를 형성하는 것. 정말 멋진
일이다.

그렇다면 어떻게 그런 일이 일어날까? 고전은 사람의 통찰력과 상황 파악 능력 및 어휘력까지 키워주기 때문이다. 마키아벨리의 『군주론』을 읽어 리더가 가져야 할 덕목을 익혔다면 주변 상황을 잘 판단해 자신이 속한 사회를 원하는 방향으로 이끌어가기도 할 것이다. 프루스트의 『잃어버린 시간을 찾아서』를 읽었다면 특정 냄새에 각인된 옛 기억이라는 말만으로도 '프루스트 현상'이라는 용어를 입에 올릴지도 모른다.

로버트 허친스는 시카고 대학교에 총장으로 취임해 입학생들에게 위대한 고전을 의무적으로 읽히면서 유명해졌다. 그는 모든 미국인을 대상으로 한 고전 읽기 프로그램을 제안하면서 이렇게 말하기도 했다.

"최고의 학생들을 위한 최고의 교육은 곧 모든 이들을 위한 최고의 교육이다."

『신화와 인생』의 저자 조지프 캠벨은 지식을 쌓으려면 몇 년이 걸리든 한 대가의 전집을 모두 읽으라고 권했다. 그래야 문리가 트이고 그때서야 비로소 다른 사람을 만날 준비가 된 것이라고 했다. 나 역시 수십 권의 실용서를 읽는 대신 인문서나 철학서 등의 고전을 한 권이라도 곱씹어 읽기를 권한다. 왜냐하면 인문학은 낡은 학문이 아니라 오히려 사람의 지혜를 키워주는 실용적인 학문이기

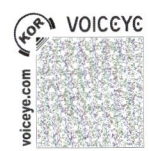

때문이다.

고전 특히 인문학은 자본이 아니라 사람을 가장 소중한 가치로 본다. 인문학은 무엇이 인간답게 사는 것인가에 대한 물음을 끊임없이 제기하면서 어떻게 실천하는 것이 올바른 방법인지 스스로 해답을 구하게끔 도와준다. 복지의 근간 역시 그렇다.

"어떻게 하면 사람이 사람답게 살 수 있을까?"

이런 질문을 스스로에게 던지게 하는 것이다. 희망의 인문학은 그 물음에 대한 해답이다. 서울시는 인문학을 통해 절망에 빠진 사람에게 희망의 씨앗을 뿌리고 있다. 그런 서울시가 정말 자랑스럽다.

노숙인에게서 발견한 문인의 재능

나는 희망의 인문학 졸업 문집을 보다 아래의 시를 보고 깜짝 놀랐다. 어느 노숙인이 희망의 인문학 과정의 글쓰기 수업 시간에 쓴 것이라고 했다. 그는 노숙인의 삶을 시로 표현했는데 그의 필력은 대단했다. 시인이 쓴 것이라 해도 믿을 만큼 감수성과 시어 선택이 뛰어났다. 그의 사연이 궁금해 소속 복지 기관에 문의했다. 시를 쓴 분은 오랫동안 고시 공부를 했던 사람으로 시험에 연속으로 낙방한 뒤 일용자로 살다 노숙까지 하게 됐다고 했다.

그는 지천명의 나이인 자신을 풀잎으로 묘사했다. 그런 그의 절망이 읽는 이의 가슴을 울린다. 그는 허기진 인생일지라도 끊임없이 희망의 바람이 불어오기를 바랐고 마침내 희망의 인문학을 만나 새 출발을 했다. 절망적인 현실을 읊조리던 그가 이제는 희망의 아침을 노래하게 됐으니 얼마나 다행한지 모르겠다.

그는 희망의 인문학 과정을 이수하고 희망근로를 하다 현재는 새로운 직업을 알아보고 있다고 한다. 서울시가 그에게 어둠을 밝히는 촛불이 됐던 걸까? 부디 그가 자신의 감수성을 잘 살릴 수 있는 직업을 찾기를 기원한다.

「자화상 I」

전인중

공원에 누워 꿈을 꾼다

슬픔조차 말할 수 없는 권태로운 기억들이

지천명의 나이에 풀잎이 되었다

갈 곳을 잃어버린 나의 영혼은

언제부터 이 작은 공원에

뿌리 없는 미아가 되었을까

어느 새벽

이슬이 되어 내게 속삭이는 숱한 밀어들이

황량한 이 도심의 골목을 돌아

이별이 가까이 있어도 만남은 아득히 멀기만 한 날

빛바랜 사진 속에 멈춰버린 늙고 초라한 얼굴

풀잎처럼 누워 허기진 인생의 꿈을 찾아

미로의 골목을 돌아선다

새로운 내일은 어디서 올까?

복지를 사랑하고 추구하기

내 눈에 비친 오세훈 시장은 참 섹시한 사람이다. 외모 이야기가 아니다. 같이 일해본 사람은 안다. 그가 얼마나 멋진 사고방식을 가진 사람인지 말이다.

나는 복지 전문가이므로 다른 방면에서의 그의 행동과 사고에 대해서는 말할 자격이 없다. 그는 복지에 대해서만 이야기하자면 분명 복지 전문가는 아니다. 그렇지만 누구보다 복지 분야에 열정적으로 임하고 복지에 관한 의견이라면 진지하게 경청한다. 개인적으로 참 대단하다고 생각한다. 그건 나만의 느낌이 아니었나 보다.

미국 복지학의 대가인 마이클 쉬라든 교수가 한국을 방문한 적이 있었다. 그때 그는 오세훈 시장과 면담을 했다. 그는 면담이 끝난 후 내게 이렇게 말했다.

"당신네 시장은 복지에 완전히 미쳐 있소."

복지학의 대가인 그의 눈에도 그렇게 비칠 정도니 더 이상 무슨 말을 하랴.

오 시장은 한 마디로 복지를 사랑하고 복지를 추구하는 사람이다. 그리고 복지의 핵심이 무엇인지 꿰뚫어볼 줄 안다. 희망의 인문학은 사실 서울시 복지재단에서 먼저 진행했어야 하는 사업이다. 하지만 오 시장이 먼저 시작했다.

빈민 구제는 일시적 구제일 뿐이고 가난의 대물림은 막을 수 없다. 그래서 부모가 가난하면 자녀도 가난했다. 개천에서 용 난다는 말은 옛말이 됐다. 강남에서 서울대 간다라는 말이 보편화된 지도 오래다. 가난은 질 낮은 교육을 받게 하고 질 낮은 교육을 받은 자녀들은 다시 가난을 대물림한다.

이런 식이라면 먹을 것이 없는 이에게 밥을 주고 입을 것이 없는 이에게 옷을 주고 집이 없는 이에게 집을 마련해주는 게 얼마나 큰 의미가 있을까? 밥 한 끼, 옷 한 벌, 방 한 칸만 있으면 빈곤에서 벗어날 수 있을까? 행복할 수 있을까? 가난이 몸에 밴 이들에게 구호물자를 주는 건 미봉책일 뿐 장기적 해결책은 되지 못한다. 그렇다면 가난의 악순환을 막으려면 어떻게 해야 할까?

바로 복지에 대한 인식 프레임을 바꾸는 것이 정답이다.

"행복은 무엇이 아니라 어떻게의 문제다. 행복은 대상이 아니라 재능이다."

헤르만 헤세가 한 말이다. 오세훈 시장이 내게 던진 질문과 의미가 일맥상통한다.

"가난의 대물림을 끊으려면 어떻게 해야 할까요?"

오세훈 시장은 희망의 인문학을 통해 사회적 약자들에게 스스로 역량을 키울 기회를 제공했다.

당신의 믿음이 당신의 생각으로 변하고

당신의 생각이 당신의 말이 되며

당신의 말이 당신의 행동으로 표현되고

당신의 행동이 당신의 습관으로 발전되며

당신의 습관이 당신의 가치관이 되며

당신의 가치관이 당신의 운명이 된다.

마하트마 간디가 인도 국민에게 한 말이라고 한다. 역량을 길러야 운명을 바꿀 수 있다는 의미이리라.

나는 오세훈 시장이 이를 간파하고 있다는 데 깊은 감명을 받았다. 마이클 쉬라든 교수는 출국하던 날 밤 내게 이렇게 말했다.

"여러 나라 정치인과 시장들을 만나봤지만 오 시장처럼 복지를 정확히 이해하고 추진하는 인물은 드뭅니다. 당신과 서울시는 정말 행복한 겁니다."

3장

보편적 복지의
시대를 열다

시혜성 복지 및 선별적 복지 시대의 종언

우리는 인류의 역사를 기원전과 기원후로 나눈다. 한국의 역사는 고대와 중세 그리고 근대와 현대로 나누어 설명한다. 그렇듯이 서울시 복지 정책의 역사도 민선 4기 이전과 이후로 구분해야 한다고 본다.

예산에만 초점을 맞춰도 확연히 차이가 난다. 2009년 서울시는 사회복지 예산을 전년도에 비해 7.4퍼센트 증액했다. 2009년 시 전체 예산 21조 369억 원에서 행정운영 경비와 재무활동 경비를 제외한 사업비 규모는 16조 4,637억 원이었다. 그중 사회복지 사업비는 3조 7,334억 원에 달한다. 전년도인 2008년에 비해 무려 2,572억 원 늘어난 것이다. 역대 최대다. 민선 4기 이전과 비교하

면 총액에서 100퍼센트 가까이 증액됐다.

　조직이 예산을 어디에 얼마나 쓰고 있는지를 보면 그 조직의 리더가 무엇에 중점을 두고 있는지 객관적으로 알 수 있다.

　내가 민선 4기를 서울시 복지 정책의 분수령으로 보는 이유는 비단 예산의 규모 때문만은 아니다. 그전의 예산은 대부분 시혜성 복지 예산이었다. 그러나 오 시장 취임 후 서울시의 복지 예산은 저소득층과 사회적 약자들의 자립 지원에 중점적으로 편성됐다. 시혜성 복지의 시대를 끝내고 자립 복지의 시대를 여는 새로운 패러다임이 만들어진 것이다. 희망플러스통장과 희망의 인문학 사업 등이 대표적이다. 오 시장은 이를 서울형 복지라고 칭했다.

　또 한 가지 주목할 만한 특징이 있다.

　"모든 시민 고객이 행복해지는 복지 정책을 실행하고 싶습니다. 그러기 위해 복지 정책을 더 세분화해야 할 것입니다."

　오 시장이 취임 초부터 자주 했던 말이다. 사실 복지가 필요한 시민을 정확히 규정짓기는 쉽지 않다. 다만 정책은 대상을 필요로 하고 대상은 수치를 기준으로 정하게 돼 있다. 그러다 보니 복지는 저소득 빈곤층을 그 대상으로 했다.

　사람들은 누구나 행복해지기를 원한다. 그런 의미에서 복지는 전 국민을 대상으로 시행돼야 한다. 오 시장은 복지의 대상을 확대

할 것을 주문했다. 저소득 빈곤층뿐 아니라 노인·장애인·여성·어린이 등 대상을 세분화하라는 것이었다. 그리고 분야도 확대할 것을 주문했다. 주거·보육·교육·건강·문화 등 아예 분야까지 지정해주었다. 그는 그것을 종합해 서울형 그물망 복지라 불렀다.

서울형 그물망 복지는 말 그대로 복지의 그물망을 씨줄 날줄로 촘촘히 짜 물 샐 틈 없는 복지를 실행하겠다는 것이다. 그동안의 복지가 저소득층에만 집중됐다면 이제는 모든 사람을 대상으로 행복을 지원하고 응원하는 보편적 복지를 펼치겠다는 의미이다.

집도 복지다

행복한 집, 주거 복지의 시작

우리나라 주택 보급률이 100퍼센트를 넘어선 지 오래이다. 2006년에 이미 107퍼센트에 달했다. 그러나 형편이 어려운 이들에게는 신기루 같은 숫자일 뿐이다. 최저 주거 기준에 의하면 주택은 상수도 혹은 수질이 양호한 지하수 이용 시설이 완비된 전용 입식 부엌, 전용 수세식 화장실과 목욕 시설, 가구원 수에 따른 전용 면적과 방 개수를 갖추어야 한다. 그러나 아직도 법이 규정한 최저

기준에 못 미치는 가구들이 매우 많다.

　우리나라의 최저 주거 기준 미달 가구는 지난 2008년 조사만 해도 206만 가구에 이른다. 전체 가구의 13퍼센트에 해당하는 수치이다. 즉 10가구 중 한 가구가 최저 주거 기준 미달인 셈이다. 심지어 그들의 절반 이상(58퍼센트)은 자기 집이 아니라 세 들어 사는 이들이다. 통계청에 따르면 비닐하우스나 판잣집 같은 비정상적인 주택에 거주하는 사람도 4만 5,000가구가 넘는다.

　이들은 중산층 이상의 사람들에 비해 생활 반경 역시 좁다. 독거 노인이나 장애인처럼 아예 집 밖으로 나오기 힘든 이들도 수두룩하다. 따라서 저소득층에게는 하루 중 가장 많은 시간을 보내는 집이 안전한지 쾌적한지 편안한지는 매우 중요하다. 집이 복지 정책에서 매우 중요한 비중을 차지하는 이유가 그 때문이다.

　하지만 그동안 저소득층을 위한 주택 정책은 어떠했는가. 대부분 임대주택 공급량에 치중해왔다. 물론 숫자도 중요하다. 서울시는 현재 2014년까지 6,272만 호 공급 계획을 세워놓고 있다. 그런데 내가 주목하는 것은 이 숫자가 아니다. 숫자만으로는 그들의 행복한 생활을 보장해줄 수 없기 때문이다.

　"임대주택에 사는 서민들 중에는 장애인과 거동이 불편한 어르신들이 더 많지 않습니까?"

오 시장은 이 부분에 집중했다. 그래서 숫자 채우기 정책이 아닌 질적인 주거 환경 개선 사업을 동시에 시작했다. 임대주택 리모델링 사업을 시작한 것이다. 몸이 불편한 이들을 위해 문턱을 없애고 높낮이 조절이 가능한 세면대와 싱크대를 설치하고 복도를 넓혀 휠체어가 편리하게 이동할 수 있게 하는 등등 곳곳에 그들에 대한 배려를 잊지 않았다. 이름하여 무장애 주택이다. 이를 2014년까지 6,272가구 공급하겠다는 계획도 세워놓고 있다.

사실 기존 주택정책은 저소득 빈곤층을 위해 임대주택을 지어주는 것으로 크게 생색을 내는 구조였다. 물론 그곳에 들어가 사는 사람들 역시 임대주택에 입주할 수 있게 됐다는 것만으로도 고개 숙이는 형편이었다.

하지만 서울시가 시작한 이 사업은 주거 복지의 패러다임을 완전히 바꾸어놓았다. 단지 '집'을 제공하는 것을 주거 복지의 끝으로 보지 않고 그들에게 '행복한 집'을 제공하는 것까지로 의미를 확장한 것이다. 나는 그들이 집을 지은 것이 아니라 미소를 지은 것이라고 치켜세워주고 싶다.

집 생각만 하면 지긋하다는 리더

이러한 정책의 의미에 대해 복지 전문가들과 대화를 나누던 중 누군가 얘기를 꺼냈다. "생각보다 오세훈 시장이 집 없는 사람들의 설움을 좀 아는 것 같다."고 말이다. 그 즈음 서울시가 임대주택 거주자들의 임대료 부담을 덜어주기 위해 관리비를 최대 25퍼센트까지 낮추겠다는 계획을 발표했는데 그것 역시 오 시장의 직접 지시로 이루어진 것이라는 소식을 나누면서였다.

나는 그 말을 듣고 웃었다. 그가 말을 하면서 '생각보다'에 나름 힘을 주었는데 그것은 한때 내 생각과도 같았기 때문이다.

사실 오 시장은 아무리 뜯어봐도 고생이라고는 전혀 해보지 않은 듯한 느낌이 먼저 든다. 요즘 유행어인 '엄친아' 1세대쯤으로 불러도 손상 없다. 그래서 기자들의 유년 시질 질문에 "그 시질 어렵지 않은 사람이 어디 있었나요?" 하고 특유의 눈웃음으로 받아칠 때도 예사로 넘겼다. 나는 그가 가난과 이어진 특별한 추억이 있을 것이라고는 생각하지 못했다.

그러던 중 그가 저소득층을 대상으로 특별 강연을 하는 것을 듣게 됐다. 그는 "사실 다른 자리에서는 제 어린 시절 얘기를 잘 안 하는데 여러분께는 말씀 드려야겠다."며 말을 시작했다. 그는 '집' 하면 지긋지긋한 기억부터 먼저 떠오른다고 고백했다.

그 기억의 첫 장은 열 살쯤 되던 해였다. 동대문구 답십리 전곡 초등학교 시절에는 단칸방이긴 했지만 그래도 오 시장의 가족은 어엿한 집에서 세 들어 살고 있었다. 그런데 어느 날 잠결에 부모님이 시름에 잠긴 목소리로 나누는 대화를 듣게 됐다. 주인이 또 방값을 올려달라고 하니 다시 짐을 싸야 한다는 걱정이었다. 그리고 부모님은 그와 여동생을 데리고 삼양동 산중턱으로 올라갔다. 학교는 당연히 전학을 해야 했다. 그곳에는 무허가 판자촌이 즐비했고 나중에야 그곳이 달동네라고 불린다는 걸 알았다.

그는 아버지가 손수 시멘트와 모래를 섞어 반죽해 만든 판잣집에서 살았다. 전기는 물론 수도도 화장실도 없는 집이었다. 해가 지면 호롱불 흔들리는 불빛 밑에서 기름 내음을 맡으며 책을 봐야 했다. 물이 필요하면 산 중턱까지 올라가 동네 공동 우물에서 길어 와야 했다. 화장실 한번 가려면 동네 공동 화장실 앞에서 길게 줄을 서야 하는 건 기본이었다.

그렇게 어렵게 유년을 보낸 그였지만 다행히 모범생이었던 덕분에 대학에 가고 사법시험까지 붙었다. 결국 변호사가 되어 제대로 된 '집'을 갖게 됐을 때는 아마도 집에 관한 한 극과 극의 체험을 하지 않았을까 싶다. 내 머릿속에 저장돼 있던 귀공자나 도련님 이미지를 그에게서 완전히 지운 것은 그 강연을 듣고서였다.

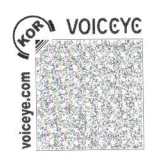

집은 사는 것이 아니라 사는 곳이다

"집은 사는 것이 아니라 사는 곳이다."

오 시장이 한 말이다. 내가 보기에 오 시장은 카피라이터 소질이 있다. 누군가가 농담으로 작명소를 차리면 잘될 것이라고 했다는 데 일리가 있다.

어쨌거나 나는 개인적으로 오 시장이 한 이 말이 참 좋다. 집은 안락을 위한 장소이지 투기를 위한 물건이 아니라는 뜻을 잘 표현했기 때문이다.

오 시장은 이런 철학을 실제 정책으로 실천했다. 바로 장기전세 주택 시프트로 말이다.

시프트는 서울시 산하 SH공사가 짓는 아파트에 주변 시세의 50~80퍼센트 가격으로 입주해 최장 20년 동안 살 수 있는 신개념 전세 주택이다. 젊은 신혼부부가 입주하면 첫 아이가 대학생이 될 때까지 전셋값 걱정 없이 편안하게 살 수 있다.

오 시장은 이 정책의 필요성에 대해서 늘 강조했다.

"이제는 서울 시민이 내 집 마련의 꿈을 위해 다른 꿈을 포기하는 일이 없어져야 합니다."

우리나라처럼 내 집 소유에 대한 열망이 강한 나라가 있을까? 결혼한 이후로는 주택 값 마련하느라 허리끈을 졸라매고 살아야 한다. 은행 빚은 거의 필수다. 평생 동안 대출금을 갚느라 제대로 먹지도 입지도 즐기지도 못하고 산다. 젊은 시절부터 대출금과 전쟁을 치러야 하는 현실이 가슴 아프다. 이건 비단 저소득층만의 문제가 아니라 대한민국 서민층 대부분의 이야기다. 그런 만큼 장기전세 시프트가 처음 선보였을 때 서울시 전체가 크게 들썩였다.

"20년 동안 전셋값 오를 걱정 없이 집을 얻을 수 있다고?"

설마 하던 사람들이 진짜임을 알고 너도 나도 입주하겠다고 신청하는 바람에 청약 경쟁률이 10 대 1 심지어 100 대 1을 넘기도 했다. 시프트는 '오세훈 아파트'라고도 불릴 정도로 오 시장의 중점 정책이었다. 정책 도입 3년 만에 3만 가구 공급 계획을 세우는 등 최고 히트작이 됐다.

나는 이러한 신개념 주택 정책에도 눈길이 가지만 그보다는 시프트가 전통적인 의미의 주거 복지 개념을 확장시켰다는 점을 더 주목한다.

시프트는 극빈층을 대상으로 한 초소형 월세 주택이 아니다. 10평대부터 40평대까지 다양한 평형의 전셋집을 역세권 중심으로 공급한다. 공급 대상은 당연히 주변에서 흔히 보는 무주택 서민이다. 서울 시민의 절반이 전셋집에 살고 있는 현실을 감안하면 주거 복지의 대상을 저소득 빈곤층에서 서민들로 확장했다고 볼 수

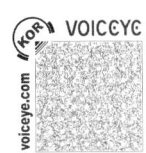

있다.

이를 두고 여러 의견이 있다. 그중 하나가 저소득층이 아닌 일반 시민들에게까지 복지의 수급 범위를 넓힐 필요가 있는가 하는 의문이다.

학문적으로 말하면 이는 보편적 복지에 해당한다. 과거에는 가난한 계층을 선별해 복지를 제공했는데 이를 선별적 복지 제도라 한다. 요즈음은 모든 국민의 삶의 질을 높이기 위해 소득과 무관하게 생애 주기에 따라 복지를 제공하고 있다. 이를 보편적 복지 제도라 한다.

서울시가 지금 이 시점에서 복지의 수급 범위를 확장하고 보편적 복지의 개념을 도입한 것은 의미가 크다. 나는 이러한 복지의 패러다임 전환이 서울시 복지 정책 전반에서 빛나기를 기대하고 있다.

걱정 없이 아이 키우는 세상

늦둥이를 못 낳는 이유

오 시장은 언젠가 자신의 블로그에서 한때 늦둥이를 낳아볼까 생각한 적이 있었다고 털어놓았다. 하지만 연극 연출가이자 대학 교수로 활발한 활동을 하는 아내가 한 마디 하더란다.

"아이는 누가 키울 거죠?"

그 말에 슬그머니 꿈을 접었다고 한다. 어디 그런 남편이 오 시장뿐일까?

엄마들은 또 어떤가? 언젠가 서울시 여성 정책을 담당하는 부서장과 보육 문제에 대해 의견을 나눌 기회가 있었다. 그때 부서장은 엄마 입장에서 겪은 고충을 말했다.

"아들이 하나 있어요. 제가 일하고 대학원 다니느라 정신없던 사이에 게임 중독에 빠졌더군요."

그녀는 친정도 시댁도 모두 지방에 있었다. 아이를 돌봐줄 가족이 없어 여건이 허락하는 대로 이곳저곳에 아이를 맡겼다. 그러는 동안 아이는 패스트푸드와 게임에 중독된 것이다.

"아이 학교에 찾아갔는데 수업 중인데도 맨 뒷자리에서 엎드려 자더라고요. 그 모습을 보고 바로 직장에 사표를 냈어요."

아마 모든 엄마들이 공감하는 고민일 것이다.

사회적으로 저출산이 심각한 문제다. 왜 아이를 낳지 않는가 하는 질문에 여성들은 이렇게 말한다.

"일을 포기하고 싶진 않아요. 그러려면 아이를 돌봐줄 사람이 있어야 하는데 누가 아이를 돌봐주죠?"

고학력 여성일수록 아이를 갖지 않는 비율이 높은 걸 보면 보육 문제 해결은 사회적으로 중대한 과제가 아닐 수 없다.

한 조사에 따르면 서울시 여성들은 사회적 활동과 저출산 극복의 가장 큰 걸림돌로 육아 부담(49.8퍼센트)을 들었다고 한다. 아이를 낳아 직접 기르자니 직장을 그만둬야 하고 그러자니 남편의 어깨가 더욱 무거워진다. 여성 또한 자아실현 욕구를 포기하고 싶지는 않다. 지금껏 키운 능력을 사장하는 건 사회적으로도 큰 손실이 아닐 수 없다. 아이를 시어머니나 친정어머니에게 맡기자니 염치도 없고 여건도 마땅치 않다. 그렇다고 입주 보모의 비용이 만만한가? 여러모로 결코 만만치 않다.

사람들은 서울에 어린이집이 부족해 이런 일이 생긴다고 여긴다. 하지만 이는 전적으로 오해일 뿐이다. 현재 서울시 전체 어린이집의 정원 충족률은 83퍼센트다.

어린이집이 부족한 게 근본적 원인이 아니라는 말이다. 문제의 핵심은 보육 서비스의 질적 수준이다.

현재 보육시설 이용은 쏠림 현상이 심하다. 국공립 어린이집의 경우 태어나는 순간 대기자 명단에 올려놓는다는 말이 나올 정도로 인기가 좋다. 이유는 간단하다. 국공립의 경우 보육료가 싸고 국가와 자치단체가 보육의 질을 공인해주니 믿고 맡길 수 있다는 것이다. 부모들이 선호할 수밖에 없다.

오세훈 시장의 고민은 이러한 수요와 공급의 간극을 메울 해결책을 찾는 데 있었다. 국공립 보육시설을 많이 지으면 간단하지만 비용이 천문학적으로 든다.

결국 고민 끝에 나온 대안이 발상의 전환이었다. 즉 서울에 있는 기존 민간 보육시설을 국공립 수준의 시설로 끌어올리면 되지 않겠냐는 것이다. 그렇게 나온 대안이 바로 서울형 어린이집이다.

서울형 어린이집

서울형 어린이집은 일정 기준 이상의 서비스를 제공하는 시설에 서울시가 인증 마크를 부여하고 공공시설에 준하는 지원을 해주는 어린이집이다. 그냥 지원해주는 게 아니라 민간 어린이집에 대한 까다로운 공인 심사를 거쳐 인증을 받아야 지원해준다. 서울 시내 어린이집 중에서 40명 이상의 아이를 교육하는 시설은 92개, 40명

이하의 교육 시설은 71개 항목을 평가해서 공인 기준을 통과한 어린이집을 서울형 어린이집으로 공인하고 지원을 해주는 것이다. 부모들이 국공립 시설을 이용할 때처럼 안심하고 자녀를 맡길 수 있도록 하기 위한 조치다.

서울시가 지원을 하니 무엇보다도 보육료가 국공립 수준으로 쑥 내려간다. 2008년 기준으로 만 4세의 경우 월 보육료가 국공립은 16만 7,000원, 민간은 23만 1,000원이니 무려 22퍼센트나 저렴해진다. 부모들이 가장 기뻐하는 부분이다.

보육 교사들은 교사대로 서울시가 임금을 보조하니 월급이 국공립 시설 수준으로 올라간다. 경력이 많아 임금을 많이 받던 경우는 조금 다르겠지만 임금이 평균 20~30퍼센트 올라간다. 그러니 보육 교사들이 더욱 아이들을 책임감 있게 돌보게 된다. 선생님도 부모님도 얼굴이 활짝 펴지는 것은 당연지사다.

또한 서울형 어린이집으로 선정되면 보육 도우미도 지원 받고 인근 병원과 연계해 아픈 아이를 응급치료 받게 해주는 안전 서비스도 받게 된다. 여러모로 어린이집의 교육과 서비스의 질을 높이는 기특한 프로젝트가 아닐 수 없다.

내가 서울형 어린이집에서 가장 잘했다고 무릎을 친 것은 서울형 어린이집 전용 방송 채널(IP-TV)의 도입이다. 아이가 어린이집에서 보호를 잘 받고 있는지 밥은 잘 먹는지 궁금한 부모들을 위해 도입한 새로운 시스템이다. 부모들은 이제 이동 중에도 사무실에서도 TV나 인터넷 혹은 휴대전화를 통해서 자녀의 어린이집 생활을 실시간으로 살펴볼 수 있다. 그야말로 부모의 가려운 곳을 긁어준 안성맞춤형 서비스다.

이뿐만이 아니다. 서울형 어린이집은 부모의 야근 걱정도 덜어준다. 대부분의 보육시설은 부모의 퇴근 시간까지만 아이를 맡아준다. 그런데 사실 정시 퇴근이 쉽지 않은 게 현실 아닌가? 우리 재단만 해도 정시에 퇴근하지 못하는 직원들이 훨씬 많다. 그러니 퇴근 시간이 다가오면 마음이 불안해져 일에 집중하지 못하는 경우가 많다. 회식이라도 있는 날이면 누가 아이를 데리러 갈 것인가로 부부 싸움을 하기도 한다. 그 마음을 헤아려서 수요가 많은 지역부터 순차적으로 밤 10시까지 연장 보육을 실시한 것이다.

또한 아이를 키우다 보면 야간에 긴급하게 아이를 맡겨야 할 때도 있고 휴일에 갑자기 아이를 돌봐줄 사람이 필요할 때가 생기기도 한다. 이때도 원하는 보육 시간과 장소를 신청해 이용할 수 있도록 시스템이 마련돼 있다.

작년까지 민간 어린이집 2,395곳이 서울형 어린이집 인증을 받았다. 올해까지 2,899곳으로 확대될 예정이다. 그렇게 되면 서울

시에 있는 보육시설 중 50퍼센트가 서울형 어린이집으로 다시 태어나게 될 것이다.

처음 서울형 어린이집 정책을 발표했을 때만 해도 민간 보육시설 연합회와 일부 어린이집 원장들이 공청회장에 상복을 입고 참석하기도 했다. 혹여 어린이집에 공공이 관여함으로써 피해를 입을까 두려워한 때문이다.

하지만 시행 1년이 지나면서 분위기는 완전히 바뀌었다. 실제로 서울형 어린이집으로 공인된 한 어린이집 원장이 일간지와 인터뷰를 했는데 무척 만족한다는 내용이었다.

"홍보가 잘돼서인지 서울형 어린이집을 찾는 학부모들이 늘었어요. 더구나 공인 후에 환경 개선비를 지원 받았어요. 그래서 간판도 새로 달고 장난감이랑 교구장을 더 구비했더니 아이들이랑 학부모님들이 무척 좋아하세요."

서울형 어린이집은 보육 복지의 대표적인 모델이다. 우리나라는 저출산 순위 세계 2위다. 따라서 보육 문제를 해결하지 못하면 저출산 문제는 더욱더 해결하기 어려워진다. 실제 기혼 여성의 44퍼센트가 보육 비용이 절반으로 줄면 자녀를 낳겠다고 대답했다고 한다. 이런 점에서 봐도 보육 복지가 저출산 문제를 해결하는 가장 중요한 열쇠임을 알 수 있다. 보육의 질은 높이면서 비용 부담은 줄여주는 서울형 어린이집이야말로 저출산 문제 해결에 일등 공신이 되지 않을까 싶다.

서울형 어린이집에 아이를 보내보니

실제로 서울형 어린이집에 아이를 보내는 엄마들의 이야기를 듣고 싶었다. 그러던 중 한 학부모의 수기를 접하게 됐다.

서울형 어린이집을 제가 처음 알게 된 것은 둘째 아이가 어린이집에 다닐 나이가 됐을 때 지인의 소개로 집 근처의 어린이집을 보내게 되면서입니다. 학부모 오리엔테이션 시간에 원장님의 설명으로 서울형 어린이집에 대해 처음 듣게 됐고 본 어린이집이 평가 인증 통과 후 서울형 어린이집 공인을 받기 위해 준비 중이란 이야기를 듣게 됐습니다.

그러면서 꾸준히 가정통신문과 안내문을 통해 서울형 어린이집의 특권(?)과 정보를 공지해 알게 됐고 원장선생님과 선생님들의 적극적인 열의로 결국 심사에 통과하게 돼 서울형 어린이집으로 공인됐다는 축하의 소식을 듣게 됐지요.

서울형 어린이집에 대해 처음에는 생소해서 잘 알 수 없었는데 얼마 후부터 어린이집에 새로운 변화의 바람이 부는 것을 볼 수 있었습니다.

어린이집의 외관이 변하면서 눈에 띄는 것은 그동안 아이들이 들어가

고 나오는 출입로가 콘크리트 바닥이었는데 아이들 정서적 안정에 도움이 되는 친환경적 예쁜 바닥으로 고치면서 작은 마당 한쪽에는 아이들이 직접 키우며 돌보는 텃밭이 마련됐습니다. 상추, 고추, 각종 꽃들이 심어졌습니다. 아이들이 직접 물을 주면서 식물이 자라는 모습을 보면서 멀리 가지 않아도 가까운 어린이집에서 자연 체험 학습을 할 수 있다는 것에 엄마로서 뿌듯한 마음이 들었습니다. 그리고 어린이집 곳곳의 외관들이 더 안전하고 편리하게 바뀌는 것을 볼 수 있었습니다.

무엇보다 엄마에게 가장 큰 관심거리는 아이들의 식사 및 간식 등 먹을거리에 대한 부분일 것입니다. 엄마로서 우리 아이가 어린이집에서 어떤 음식을 어떤 조리 과정에 의해 먹는지 엄마로서 무척 궁금했습니다. 엄마들에게 급간식을 공개하는 것은 물론 아이의 점심 식사와 간식이 점차 유기농 먹을거리로 바뀌었습니다. 서울형 어린이집이 아이들의 건강과 영양에 대해 확실히 책임지는 보육 시설임을 믿을 수 있었습니다.

그리고 서울형 어린이집에는 다른 어린이집과는 다른 보육 서비스들이 더 확대됐습니다. 시간제 보육, 야간 보육, 공휴일 보육, 시간 연장 보육 등이 바로 그것이었습니다. 저희 아이가 다니는 어린이집도 지금 준비 중에 있습니다. 기존에 다니고 있는 어린이집에서 시간 연장, 야간 보육, 공휴일 보육을 할 수 있다는 점에서 엄마들의 상황과 편리가 적극 반영됐음을 알 수 있었습니다.

서울형 어린이집이 되면서 원장님과 선생님들도 기존보다 더 적극적인 열의로 원 운영과 보육을 하시면서 '행복한 선생님에게서 우리 아이들이 정서적으로 더 건강히 자랄 수 있겠구나' 생각되며 마음이 편안해졌습니다.

92항목의 까다로운 정부의 인증을 받아야 서울형 어린이집이란 타이틀을 받을 수 있으므로 엄마의 안심과 아이의 행복 이 두 가지 모두를 서울형 어린이집이 책임지고 있다는데 의심의 여지가 없습니다.

점점 서울형 어린이집에 대한 인지도가 높아지고 있습니다. 그동안 구립어린이집 대기자수가 많아 수개월 기다려야 했습니다. 그런데 서울형 어린이집이 생기면서 집에서도 가깝고 구립어린이집과 같은 싼 보육료를 내면서 더 확대된 보육 서비스를 받을 수 있게 됐습니다. 그러다 보니 주변에서 서울형 어린이집에 보내겠다는 부모들을 많이 보게 됩니다.

우리 부모들은 서울시가 서울형 어린이집을 통해 아이들의 영양, 건강, 안전뿐만 아니라 정부가 부모의 보육료 부담을 책임지며 미래의 아이들을 키우는 데 함께하고 적극적으로 보육정책을 시행하고 있음을 잘 알 수 있었습니다. 서울시가 책임을 지는 모습을 보며 내 아이를 위한 복지 서울, 내 가족을 위한 복지국가가 먼 나라의 이야기가 아님을 알 수 있게 됐습니다.

"오늘도 어린이집에 갈까요?"

"네!"

엄마인 저는 오늘도 행복한 마음으로 아이를 보냅니다.

이것이 저만의 행복이 아니라 엄마의 신뢰와 아이의 행복을 보장하는 서울형 어린이집의 엄마들만이 가진 특권이며 행복일 것입니다.

수기 한 편으로 서울형 어린이집에 대한 부모들의 만족도가 고스란히 느껴진다. 하긴 벌써부터 서울형 어린이 집 대기자가 줄을 서고 있다는 소식도 들린다. 이 추세대로라면 국공립 보육 시설을 보내기위해 길게 대기하며 발을 동동 구르는 부모들의 고충은 곧 사라지지 않을까.

영유아는 어디에 맡기나요?

서울형 어린이집은 4세 이상의 어린이를 위한 보육정책이다. 그럼 그보다 더 어린 영유아에 대한 복지 정책은 무엇이 있을까? 대표적인 것이 영유아 플라자다. 영유아 플라자란 자녀 출산부터 양육까지 토털 서비스를 제공하는 보육 서비스 센터다. 2010년 3월 현재 종로구·광진구·동대문구·영등포구 등에서 14개소가 운영 중이고 앞으로 은평구·양천구·송파구 등에 11개소가 더 늘어날 예정이다. 각 구마다 거의 하나씩 육아 정보 나눔터, 어린이

도서관, 체험 학습장이 생겨나고 있는 셈이다. 내가 아이를 낳을 만한 세대라면 서울에 사는 게 다행이란 생각이 들지 않을까 싶다.

특히 연회비 1만 원으로 이 모든 서비스를 받을 수 있다는 것이 놀라웠다. 저소득 및 다자녀 가정에 대한 경제적 부담을 덜어주기 위해 국민기초생활수급권자, 장애인 가족, 차상위 계층, 한 부모 가정, '다둥이 행복 카드' 발급 가정에는 연회비를 면제해주고 있다.

그런데 오 시장은 여기서 만족할 수 없었나 보다. 부모들이 원하는 시간에 아이들을 대신 돌봐주는 '맞춤형 보육시설'을 확대 운영하기 시작한 것이다. 실제로 주5일제 근무로 주말 관련 산업이 늘면서 토·일요일과 공휴일에도 일하는 경우가 증가하고 있고 밤샘 야간 근무만 전담하는 등 근로 형태도 다양해지고 있다. 이에 따라 수요자 중심의 맞춤형 보육 서비스가 필요하다는 것이다. 이 역시 오 시장이 항상 강조하는 '시민 입장에서 생각하는' 창의 시정의 결과가 아닌가 싶다.

결국 서울시는 '야간 및 휴일 보육 수요 조사'를 실시했고 어느 지역에 '맞춤형 보육시설'이 가장 필요한지 또 가장 부족한지를 파악했다. 그리고 시간 연장이 가능한 보육시설이 확보되지 않은 지역부터 우선 설립한 후 그 숫자를 늘려가고 있다. 이제 주말이나 야간에 아이를 맡길 곳이 없어 발을 동동 구르다가 결국 아이를 집

에 혼자 두고 일하러 가야 하는 안타까운 경우는 적어도 서울에서는 더 이상 발생하지 않게 됐다.

나는 서울시의 보육 정책을 들여다보면서 오 시장의 성격을 떠올렸다. 그는 사실 굉장히 꼼꼼하다. 그래서 항상 만에 하나라도 있을 수 있는 '물 샐 틈'을 파악해서 보완하라고 강조한다. 그런데 보육 정책 곳곳에 나타난 사전 방제 작업을 들여다보고 있자니 그가 꼼꼼하다 못해 좀 깐깐하다는 생각마저 든다. 하지만 꼼꼼하면 어떻고 깐깐하면 어떨까. 그 덕분에 아이를 키우는 엄마들은 신이 났으니 말이다.

사각지대 없는 보육 복지

아이를 키우다 보면 성장기에 따라 각기 다른 보육 방법이 필요하게 마련이다. 지금의 보육 정책은 4세~7세 어린이 위주로 짜여 있다. 그런데 실제 부모들을 만나보면 아이들을 초등학교에 보내고 고민이 더 많아진다고 말한다.

일단 아이가 학교에 있는 동안은 마음을 놓는다. 하지만 그 이후에는 봐줄 사람이 없어서 결국 학원을 전전하게 만들 수밖에 없다는 것이다. 그나마 그것도 경제적인 여유가 있는 경우다. 서민들에게는 학원 하나 보내는 것도 큰 부담이다. 무엇보다도 아이의 끼니

가 제일 걱정이다. 집에서 혼자 아침에 차려놓은 밥을 먹는 것도 가슴 아프다. 그렇다고 매번 밖에서 사 먹으라고 할 수도 없는 노릇이다. 그래서 부모들이 입을 모아 보육 정책의 심각한 사각지대야말로 '초등학생 보육'이라고 하는 것이다.

나는 전국 복지 전문가들의 모임에서 이런 이야기가 나오면 "일단 서울로 와봐."라고 한다. 서울시에는 '방과 후 보육시설'이 있기 때문이다.

학교 수업이 끝난 후 보호가 필요한 초등학생 저학년 아이들을 복지관, 종교 시설, 공공기관 등에서 책임지고 맡아주는 시스템이다. 맞벌이 부부나 한 부모 가정의 아이들은 이와 같은 전담 보육 시설에서 저녁밥도 먹고 학습 지도도 받고 예체능 특기 교육을 받으며 부모가 퇴근할 때까지 안전하게 공부하고 놀 수 있다.

그뿐만이 아니다. 서울시는 또한 장애아 통합 보육에도 앞장서서 공을 들이기 시작했다. 이는 장애 아동의 사회성 발달을 촉진하고 2차적 장애 예방을 위해 일반 어린이집에서 장애아를 통합 보육하는 것이다. 장애 아동들이 보육 복지에서 소외되지 않도록 돌보고 장애 아동들과 비장애 아동들이 함께 더불어 살아가는 지혜를 어릴 때부터 익힐 수 있도록 하는 장점이 크다.

하지만 그동안은 공공이 이런 세세한 부분까지 신경 쓰지 못했

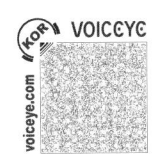

던 것이 사실이다. 그러나 이제부터라도 장애아 통합 보육을 통해 아동기부터 장애인에 대한 편견을 바로잡아 다 함께 잘 사는 세상을 만들어가는 초석을 다져야 할 것이다. 복지가 지향해야 할 바를 제대로 따르는 정책이다.

서울시의 보육 제도는 이처럼 다양해 하나하나 열거하기가 쉽지 않다. 상황이 이렇다 보니 행복한 고민이 하나 더 늘게 됐다. 이 많은 보육 정보를 어떻게 하면 효과적으로 전달할 수 있을까. 그래서 탄생한 것이 보육 정보 포털시스템 '아이서울iseoul.seoul.go.kr'이다.

산하기간과 분야별로 운영돼오던 보육·육아 정보 사이트 30여 개를 '아이 서울' 하나로 통합한 것이다. 보육시설 입소 신청, 대기 순번 확인, 휴일·24시간·긴급 신청, 시간 연장을 인터넷에서 실시간으로 할 수 있을 뿐만 아니라 장애아·다문화(외국인) 가정에서도 장애아 통합 보육시설이나 다문화 가정 자녀 보육시설을 손쉽게 찾을 수 있게 했다.

특히 시설별 입소 순위가 실시간 공개됨으로써 보육시설 입소 순위에 대한 부모들의 불신을 불식시키고 휴일과 야간 등 긴급하게 보육시설을 이용할 필요가 있는 경우 인터넷으로 예약하면 문자 서비스SMS로 이용 안내를 해준다. 물론 호응이 폭발적이다. 보육 포털 시스템 운영 전에는 어린이집 입소와 관련해 입소 순서에 대한 의혹이 불거지곤 했다. 그런데 보육 포털 시스템에 개별 어린 이집의 시설별 입소 순위까지 실시간 공개되면서 문제가 말끔히 없어졌다.

아이를 잘 키우는 것도 정보 싸움이라고 한다. 보다 많은 시민들이 서울시 홈페이지에 자주 들러 좋은 정보를 많이 얻고 좋은 혜택도 많이 누리기를 바란다.

개천에서 용이 나는 교육 복지를 위해

공교육을 살린다며 학교 시설부터 개선한 이유는?

오세훈 시장은 취임 전 인수위 시절부터 "서울 교육 문제의 가장 큰 현안은 공교육 강화에 있다."는 말을 수시로 했다. 공교육이 무너지면서 사교육 시장이 너무나 커져버려 사교육비 부담이 시민의 행복을 짓누를 정도가 됐다는 것이다.

누가 들어도 맞는 말이다. 하지만 문제는 누가 어떻게 '공교육 강화'라는 지상 과제를 달성해내느냐다. 그래서 그가 시장에 취임한 후 이 문제를 어떻게 풀어갈지 복지 전문가로서 자못 궁금했던

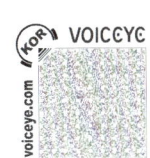

게 사실이다. 비록 내가 맡은 업무는 아니지만 오 시장의 생각대로 공교육만 잘 살려낸다면 사교육비 부담으로 인한 교육 격차 문제는 저절로 해결될 것이라 보았기 때문이다.

그가 시장에 취임 후 처음 시행한 것은 '서울특별시 교육 격차 해소와 인재 양성을 위한 교육 지원 조례'를 제정해 4년 동안 3,000여억 원의 예산을 확보하는 일이었다. 그리고 두 달 후인 2006년 9월에는 전국 최초로 교육 지원 업무를 담당할 교육 기획관을 신설했다. 사실 오 시장이 취임할 때까지 서울시에는 교육 관련 전담 조직마저 없었다. 세금을 걷어 서울시 교육청에 예산을 전해주는 정거장 역할이 고작이었는데 서울시에서 본격적인 교육 복지에 팔을 걷어붙인 것이다.

오 시장은 우선 확보된 예산으로 일선 학교의 오래된 책걸상을 교체하고 화장실과 칠판 등 시설물을 개선하기 시작했다. 주로 시설이 낙후된 강북 지역의 학교가 그 대상이었는데 작년까지 각 학교의 노후된 화장실을 리모델링하고 모든 학교의 10년 이상 된 책걸상을 교체했다.

처음 그 정책을 바라보며 한 가지 의문을 품었다.

'학교 시설을 개선한다고 공교육이 강화될까?'

이 생각을 오 시장의 참모에게 전했다. 그랬더니 그것은 하나만 알고 둘은 모르는 질문이라는 답변이 돌아왔다. 그리고는 관련 회의 시간에 오 시장이 한 발언을 전해주었다.

"공교육 강화는 장기적인 계획과 투자가 필요한 분야입니다. 갑자기 정책 하나로 공교육을 정상화하고 사교육비를 줄여놓겠다? 그건 말만 앞선 구호일 뿐이죠. 제대로 하려면 민선 4기에 다 끝내버리겠다는 욕심을 내선 안 됩니다. 민선 4기에 할 것과 민선 5기에 할 것을 구분해서 차근차근 준비해야 합니다. 그래야 진정한 교육 복지가 이루어집니다."

오 시장은 교육 지원 계획을 두 단계로 나누어 설정했다.

첫 번째 단계는 학교 시설 개선에 집중 지원해 공부하기 좋은 학교를 만드는 것으로 일종의 하드웨어 구축이다.

두 번째 단계는 본격적으로 공교육의 질을 높이기 위해 방과 후 학교 프로그램 등 소프트웨어를 지원하는 것이다.

교육 복지의 시작, 사교육비 절감

오 시장은 공교육이 강화되려면 아이들이 머물고 싶은 학교 환경을 만들어야 한다고 확신한 것 같다. 그는 어느 자리에선가 자신이 나온 고등학교의 예를 들기도 했다. 그가 나온 대일고등학교에는 '대일 학사'라는 것이 있었다고 한다. 수업을 끝내고 남아서 따

로 공부를 할 수 있는 공간이었다. 선생님들이 돌아가며 감독도 하고 학생들의 질문에 답도 해주는 일종의 공부방이었다. 마땅히 독서실 다닐 형편도 되지 못했던 그에게 공부할 공간이 있다는 것은 큰 행운이었다. 결국 그는 그곳을 공부방 삼아 무난히 대학에 합격할 수 있었다. 그래서 그는 자신의 청소년 시절과 비슷한 형편에 있는 아이들에게도 '남아서 열심히 공부하고 싶은 학교 환경'을 만들어주어야 한다고 강조했다.

실제로 4년 전만 해도 학교 환경 특히 강북 지역의 학교 시설은 심각했다. 10년도 더 된 낡은 책걸상은 과거와 달리 성장 속도가 빠른 지금 아이들과 맞지 않아 체격이 좀 큰 아이들은 거의 끼다시피 앉아야 했다. 아이들이 낡은 구식 화장실이 무서워서 볼일을 참다 참다 집으로 뛰어가는가 하면 낡은 책상과 의자는 학습 의욕마저도 앗아가버리는 게 현실이었다. 이에 대한 손질을 먼저 해서 아이들이 학교에서 공부할 마음이 생기도록 해주고 그 다음에 본격적으로 공교육의 질을 높이는 투자를 하겠다는 오 시장의 계획에 고개가 끄덕여졌다. 실지로 공교육이 사교육의 장점을 이겨내려면 수준별 학습이 가능해야 한다. 이를 위해서는 제대로 된 공간 마련이 매우 중요한 선결 조건일 것이다.

이와 함께 고등학교를 대상으로는 학생들이 따로 돈을 내고 독서실을 다니지 않아도 되도록 올해까지 184개교에 독서실을 만들어주고 있다. 또한 학교마다 수년간 방치해오던 창고나 전산 처리실과 자료실 등을 리모델링해서 공부방이나 도서관으로 개조해주는 작업도 진행 중이다.

놀랍게도 공부하고 싶은 학교 환경을 먼저 만든 후 공교육이 제대로 이루어질 수 있는 환경을 조성하겠다는 생각은 교육 현장에서 '제대로' 먹혀들었다. 얼마 전 만난 어느 고등학교의 교장은 그동안 서울대학교에 한 명도 합격생을 내지 못했는데 서울시가 만들어준 공부방 덕분에 마침내 올해 합격생을 처음으로 배출했다며 고맙다고 인사했다.

서울시는 민선 4기 후반기에 들어 하드웨어 개선이 어느 정도 성과를 내자 본격적으로 공교육을 살리는 소프트웨어에 투자하기 시작했다. 학교마다 영어 교육을 위한 원어민 교사를 배치하고 학교 도서관 운영을 지원하고 방과 후 학교를 확대했다. 특히 양질의 교사를 확보해 학원에 가지 않아도 학교에서 교과 내용 보충이 가능하도록 했다.

또한 최근 내가 전해들은 바로는 얼마 전 일신상의 이유로 사임한 교육 기획관 후임을 물색 중인데 가장 중요한 선발 기준이 공교육 강화에 대한 철학과 성과라고 한다. 아이들이 학원보다 학교를

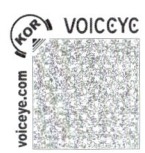

더 신뢰하고 선택할 수 있도록 공교육의 소프트웨어 개선에 본격적으로 투자하겠다는 신호다.

이처럼 공교육을 강화해 사교육비를 절감하겠다는 오 시장의 목표는 민선 4기의 인프라 구축에 이어 민선 5기의 소프트웨어 구축을 통해 달성되도록 처음부터 치밀하게 짜여져 있다. 이 정도라면 서울의 공교육은 민선 5기에 들어 비로소 활짝 꽃이 피겠구나 싶은 희망이 생긴다.

보육원 아이들에게도 특기 교육의 혜택을!

TV를 켜니 지난해 불황에도 불구하고 사교육비가 급증했다는 뉴스가 들린다. 통계청 발표에 따르면 지난해 월 소득 100만 원이 안 되는 부모가 자녀를 학원에 보내느라 쓴 돈이 평균 월 6만 원을 넘었다고 한다. 월 소득 300만 원 이상인 중산층에서도 자녀 1명당 100만 원이 넘는 사교육비가 들었다고 하니 사교육비를 줄이는 게 가장 절실한 교육 복지임을 절감한다.

이런 기사를 볼 때마다 생각나는 아이들이 있다. 작년에 SOS 어린이 마을과 지역 아동복지센터를 방문했을 때 만난 아이들이다. 당시 오 시장은 아동 복지 담당 간부에게 물었다.

"아이들 공부는 어떻게 합니까?"

순간 간부가 멈칫했다.

"사실 거기까진……."

그러자 오 시장이 말했다.

"보통 아이들 키우는 가정에서는 피아노 학원이다 태권도장이다 해서 조기교육에 노력을 들이지 않나요? 그런 아이들과 경쟁하려면 여기 아이들도 학원엘 다녀야 할 겁니다."

서울에는 모두 4,000명이 넘는 보호 아동이 있다. 그런데 아이들 대부분이 학교 수업 외에는 교육을 받지 못하고 있다. 피아노 · 미술 · 태권도 · 발레 등 또래 친구들이 학원을 다니는 걸 먼 발치에서 바라만 봐야 하는 것이다. 저소득층 대상의 자치구 교육 복지 사업에서도 소외돼 있는 일종의 사각지대인 셈이다. 오 시장은 그 점을 간파했다.

"이제는 아동 복지 패러다임도 변해야 하지 않을까요? 과거의 보호 아동에 대한 복지가 먹고 자는 것에 집중됐다면 이제는 아이들이 정상적인 가정에서 자라는 아이들과 똑같은 교육을 받게 해야 합니다. 아이들에게 평등한 교육 환경을 만들어주는 것이 아주 중요합니다. 그러니 부모의 보호를 받지 못하는 보육원 아동들이나 소년소녀 가장 등에게 특기 적성 교육 등을 제공하는 프로그램을 만들어보세요."

언젠가 서울시의 한 간부가 했던 말이 생각났다.

"시장님은 모든 사람의 평등한 출발을 지향하는 분 같아요."

그렇게 시작된 사업이 '나우 스타트Now Start'이다. 나우 스타트는 모든 아이들에게 '공평한 출발선'을 보장하고 가난의 대물림을 막고자 하는 것이 그 핵심이다.

우선 지역 아동복지센터의 사회복지사 중에서 선발된 꿈나무 서포터 16명이 4,000여 명의 보호 필요 아동을 직접 방문 상담했다. 그 결과 방과 후 학습 활동이 전혀 없는 아이들 중 80퍼센트 이상이 학원 수강 등 방과 후 학습을 원하는 것으로 조사됐다. 이들과 개별 면담을 통해 개인별 특성을 파악하고 필요한 교육 프로그램을 선별했으며 개인별 맞춤 학습 계획안도 짰다.

현재 밴드 아카데미나 다큐멘터리 제작 같은 특기 개발 교육 프로그램, 공부 방법에 대한 노하우를 전수하는 학습 지원 프로그램, 책과 연극 등을 통해 정서를 키워주는 프로그램 등을 제공하고 있다.

그중 피아노 콩쿠르에서 최우수상을 받은 아이가 있다. 만일 그 아이의 재능을 발견하지 못했더라면 아까운 인재 하나를 놓칠 뻔했다. 마음 같아서는 서울의 모든 학생들에게 이러한 교육 혜택을 주고 싶다. 모두가 돈 걱정 없이 맘껏 공부하게 해주고 싶다. 하지만 현실적으로는 불가능하다. 주어진 예산 안에서 혜택이 꼭 필요한 학생들에게 최대한 도움을 주는 게 지금으로서는 최선이다.

서울시에서는 대안으로 서울형 교육 복지를 구상했다. 교육 배려 대상을 집중 지원하고 저소득층과 맞벌이 부부의 사교육비 및 양육비 부담을 최대한 줄이는 게 그 목표다. 또 아이들에게 가장 절실한 지원이 무엇인지 찾아내서 효과적으로 도움을 주는 것도 포함된다. 나는 이것이 교육 복지의 첫걸음이 되리라 여기고 있다.

노벨 평화상 수상자이자 그라민 은행의 총재인 무하마드 유누스는 진정한 복지 정책은 자립할 수 있도록 최선을 다해 도와주는 것이라고 말했다. 다시 말해 일시적 지원보다는 제도와 법을 보완해 스스로 일어서도록 희망을 북돋아주어야 한다는 것이다.

특히 아이들의 미래를 책임지는 교육 복지는 아이 스스로 자존감을 높일 수 있도록 도와주고 교육을 통해 새 삶을 열 수 있게 지원해주는 것을 최우선 목표로 삼아야 한다. 그런 역할을 제대로 하고 있는 나우 스타트는 복지 전문가인 내 입장에서도 참 기특한 정책이다.

작년 나우 스타트에서 학습 지원을 받은 아이들은 모두 1,244명이다. 상담을 통해 학습 의사를 밝혔던 아이들 중 85퍼센트가 해당된다. 서울시는 올해 지원 규모를 더 늘려서 방과 후 학습을 원하

는 모든 보호 아동들이 교육을 받을 수 있도록 할 계획이다. 앞으로 이 제도가 형편이 어려운 아이들에게 희망의 디딤돌이 될 수 있게 많은 격려가 이어지기를 바란다.

우리 아이를 창조 사회가 원하는 인재로 키우려면

한 나라의 미래는 아동과 청소년에게 달려 있다. 따라서 자라나는 꿈나무와 새싹에 대한 관심은 어느 나라에서나 높다. 그러나 붕어빵을 찍어내듯 하는 우리의 교육 시스템 속에서 아동과 청소년들이 얼마나 큰 희망을 품고 성장할지 참으로 걱정이 앞선다. 성적을 비관한 청소년들이 자살하는 뉴스를 볼 때마다 어른으로서 자책감이 들 지경이다.

교육 시스템도 문제지만 부모의 경제 사정과 비례하는 교육 수준도 참으로 심각하다. 명문대 진학률이 높은 특목고는 기초생활 보호 대상자와 차상위 계층의 아이들에게는 꿈도 꾸지 못할 학교가 됐다. 특목고에 들어가려면 고액의 사교육비를 지불해야 하는 현실 때문이다. 이러한 교육 불평등은 빈곤의 세습화를 공고히 할 것임에 틀림없다.

이런 교육 문제에 대한 대안으로 핀란드 식 교육에 대한 관심이 늘고 있다. 거기에는 충분한 이유가 있다.

'모든 사람들은 기본적인 교육을 받을 권리를 가지며 공공 권력은 모든 사람에게 자신의 능력과 특별한 필요에 따라서 교육 서비스를 받을 동등한 기회와 경제적인 문제에도 방해받지 않고 자신들을 발달시킬 수 있는 기회를 갖도록 보장해야 한다.'

이는 핀란드 헌법 16조에 씌어진 내용이다. 이 헌법 정신에 따라 핀란드 정부와 각 자치단체는 모든 학생들에게 동등하게 양질의 공교육을 제공하려고 노력했다. 이는 교육 복지의 완성은 교육의 질 즉 소프트웨어에서 결정된다는 것을 보여준다.

그런 점에서 참 반가운 소식이 있었다. 서울시를 '창의 교육 도시'로 만들겠다는 오세훈 시장의 발표였다.

"우리 아이들이 받는 기존의 교육은 상상력과 창의력을 길러주는 우뇌적 교육보다는 논리력이나 사고력 등을 키워주는 좌뇌적 교육에 치중돼 있었습니다. 이러한 한계를 극복하고 창의적 교육 환경을 조성하는 것은 서울뿐 아니라 국가적으로도 무척 중요한 과제입니다. 이를 위해 저는 또 하나의 목표를 세웠습니다. 우리 서울을 창의 교육 도시로 만들겠다는 비전입니다."

오 시장은 그동안 가장 공을 들인 것이 무엇이냐고 물으면 주저 없이 '창의 시정'을 꼽는다. 그는 서울시 직원들이 창의적 인재로 거듭나야만 창의적 아이디어가 나오고 실행력이 생긴다고 확신한

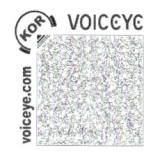

다. 그래서 지난 4년 동안 서울시를 창의적인 조직으로 바꾸는 데 역점을 두었다.

그리고 창의 시정에 자신감이 붙으면서 이를 서울의 교육에 적용할 방법을 고민하기 시작했다. 이를 위해 우선 창의 교육을 할 수 있는 교사진을 확보하는 계획을 먼저 세웠다. 또 '서울 창의 아카데미'를 만들어 양질의 창의 교사를 육성하는 프로그램을 도입했다. 즉 장기적이고 거시적인 안목에서 유치원부터 창의 교육을 받도록 기반을 구축함으로써 서울을 창의 교육 도시로 육성한다는 구상이다.

지식 창조 산업의 시대인 21세기에는 기존 패러다임에 갇힌 경직된 사고로는 글로벌 경쟁자들을 뛰어넘을 수 없다. 서울과 대한민국의 미래는 우리가 창의적인 인재를 얼마나 많이 확보하고 있느냐에 달려 있다. 지금 서울에 필요한 교육 복지는 창의적 인재를 보다 많이 배출하는 교육 환경을 제공하는 것이 아닐까? 개천에서 용 나는 시대가 끝났다는 말이 사라지는 순간 서울시 교육 복지의 목표는 달성될 것이다.

교육 복지를 통한 강남북 교육 격차 해소

사실 나는 교육 전문가는 아니다. 그러나 교육이 복지 차원에서 다루어지는 것을 두 팔 벌려 환영한다. 언젠가부터 개천에서 용 나는 시대는 끝났다는 말이 공공연히 회자되는 지금 우리 사회의 양극화를 해결하는 데 교육 복지만큼 근본적인 해결책이 있을까 싶다.

내가 보기에 오 시장은 교육에 유난히 애착이 많은 사람이다. 아마도 마땅한 '배경'이 없던 그 자신이 이 자리까지 온 것은 교육 덕분이라는 자각 때문이 아닐까 하는 게 나의 개인적인 생각이다.

학교 먹을거리 복지 3총사

자라는 우리 아이들에게 가장 필요한 것은 무엇일까. 아마 건강한 식습관이 아닐까. 그런데 아이들에게 건강한 식습관을 만들어 주기가 마음처럼 쉽지 않다. 집에서 아무리 좋은 것을 챙겨 먹여도 학교에서 식습관을 망치는 경우가 다반사이기 때문이다. 특히 요즘은 어릴 때부터 화학첨가물이 들어가지 않은 식품만 먹이는 부모들이 늘어나고 있는데 그 아이들이 학교만 가면 그동안의 노력이 물거품이 된다는 것이다. 급식이 친환경 농축산물로 이루어지지 않기 때문이다.

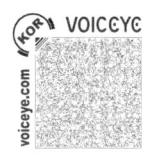

　아이들에게 좋은 식자재로 점심을 먹이고 싶은 마음은 부모나 교사들이나 또 서울시나 다 똑같다. 하지만 그동안 상대적으로 높은 식자재 비용 때문에 친환경 급식은 꿈도 꾸지 못했다. 그런데 마침내 서울시가 이러한 시스템에 혁신의 바람을 몰고 오기 시작했다. 강서 친환경 유통 센터라는 곳을 조성해 획기적으로 유통 비용을 줄이고 안정적으로 친환경 농축산물을 공급할 수 있는 체계를 구축한 것이다. 2009년 시범 사업을 시작했는데 반응이 굉장히 좋다. 여기에 힘입어 올해까지 250개 초등학교와 29개 특수학교로 친환경 급식을 확대할 계획을 세웠다고 한다.

　이는 대단한 발전이다. 서울시의 급식 정책이 단순히 급식 경비 지원에서 그치지 않고 아이들에게 질 높은 급식을 제공하겠다는 쪽으로 한 발 더 나아간 것을 의미하기 때문이다. 요즘 무상 급식이 큰 이슈이다. 하지만 어차피 서울시는 무상 급식이 꼭 필요한 계층에게는 이미 무상 급식을 지원하고 있다. 따라서 한정된 예산을 모든 아이를 대상으로 하는 급식비로 지원하는 것보다는 질적인 부분에 집중하는 것이 선진국형 급식 모델을 갖추어가는 방법이 아닐까.

　아이들의 건강한 식습관에 영향을 미치는 것은 급식만이 아니다. 특히 한창 자라나는 시기인 중·고등학교 때는 밥 먹고 돌아서면 배고프게 마련이다. 하지만 제때 영양 있는 간식을 챙겨줄 방법이 없다. 그래서 대부분은 학교 매점에서 과자나 빵 등으로 허기를 달래는 경우가 많다. 물론 영양은 높지 않고 열량은 높은 간식들이다. 그러다 보니 비만은 물론 청소년 대사성 증후군 등 생활습관성 질환에 걸리는 아이들이 늘어가고 있다.

서울시의 교육 복지는 이러한 간식 문화까지 손길을 내밀었다. 아이들의 쉬는 시간을 건강하게 디자인한다는 목표 아래 학교 매점을 싹 바꾸어버린 것이다. 일종의 건강 매점을 만든 것인데 우선 매점에서 파는 메뉴가 모두 과일이다. 과자에 비해 그다지 비싸지도 않다.

2008년 10월에 중학교 두 곳에서 시범 사업을 실시했다. 2009년에는 시범학교 열 곳을 선정했다. 전국 최초로 실시되는 사업이었는데 반응이 무척 좋다. 그 결과 올해는 모두 40개의 학교에 건강 매점이 들어설 예정이다. 우리 아이들에게 학교에서 과일을 먹을 수 있게 해준다면 부모 입장에서는 본인의 배가 부를 정도로 뿌듯한 일이 아닐까.

또 한 가지가 있다. '굿모닝 아침밥 클럽'인데 아침을 굶고 오는 학생들을 대상으로 간단한 아침식사를 제공해주는 것이다. 점심 급식 메뉴와 겹치지 않으면서 영양 많고 부담 없이 먹을 수 있는

메뉴를 선정한 후 아침 수업이 시작되기 전 학교 급식실이나 휴게 공간에서 먹고 갈 수 있도록 하고 있다. 아울러 아이들이 건강한 식습관을 가질 수 있도록 식생활 교육도 정기적으로 병행한다. 현재 8개 학교에서 400명의 아이들에게 제공하고 있다. 인기가 많아서 대기자가 많다.

앞으로 이러한 시스템이 서울 전역으로 확산된다면 우리 아이들의 먹을거리 문제만큼은 부모님들이 맘 놓고 서울시에 맡겨도 되지 않을까.

친환경 급식, 건강 매점, 굿모닝 아침밥 클럽을 서울시의 학교 먹을거리 복지 3총사라고 이름 지어주고 싶다.

건강한 도시, 매력 있는 도시

그녀가 치매에 걸리고도 웃는 이유

손 씨의 시어머니는 작년부터 치매 증세를 보이기 시작했다. 원래 지방에서 홀로 살았지만 증세가 심해지면서 며느리인 손 씨가 직접 모셔와 서울에 머물게 됐다. 하지만 맞벌이 하는 입장에서 날로 증세가 심해지는 치매 어르신을 모시는 건 쉬운 일이 아니었다.

"나 갈껴. 왜 날 여기로 데려왔어?"

손 씨는 아침마다 출근 준비다 뭐다 바쁜 와중에도 보따리를 싸는 시어머니와 실랑이까지 벌이느라 온몸에 진이 빠질 지경이었다. 한 달 동안 몸무게가 5킬로그램이나 빠졌다.

"기억력이 사라지신 데다 고집불통에 억지소리를 하시는 통에 식구들 모두 한 달 만에 두 손 두 발 다 들었어요. 집에서 돌보기에는 한계가 있더라구요."

의사소통이 제대로 안 돼 매일 큰소리가 나는 것도 다반사였다. 손 씨는 마음속으로는 잘 해야지 하면서도 못된 마음이 불쑥 솟아오르는 자신과 싸우느라 더 힘들었단다. 그러던 어느 날 지인의 소개로 데이케어 센터를 소개 받고 그날로 바로 시어머니를 모시고 센터를 방문했다.

"잘 오셨어요."

친절하게 시어머니를 반기는 사회복지사와 요양보호사를 보니 손 씨는 맘이 놓였다. 데이케어 센터의 프로그램에 따라 손을 사용하는 갖가지 놀이와 명소 견학, 말벗이 되어줄 복지사, 건강을 배려한 식단까지 일일이 확인하고 또 확인했다. 특히 고혈압 증세가 있는 시어머니를 위해 의료진이 매일 약을 챙겨주어 그 또한 안심이었다.

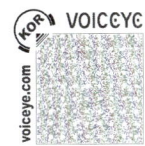

"퇴근 때마다 빈 집에 혼자 계신 시어머니한테 무슨 일이라도 생겼을까봐 헐레벌떡 뛰어오곤 했는데 이젠 그럴 필요가 없으니 얼마나 좋은지 몰라요."

손 씨는 몸과 마음에 여유가 생기니 오히려 시어머니에게 더 잘하게 된다고 한다.

손 씨처럼 데이케어 센터 덕분에 치매 노인 보호자가 짊어져야 하는 짐을 내려놓은 이들이 앞으로는 더 많아질 것이다. 서울시가 치매 노인 보호시설인 데이케어 센터를 올해 134개 더 늘려 총 250개 센터를 건립하기 때문이다. 이렇게 되면 2010년 현재보다 2,500명이 더 많은 4,573명이 센터에서 보살핌을 받게 될 것이다.

치매 걱정 없는 서울

집안에 치매 노인이 있으면 그를 돌보느라 가족들의 생활이 피폐해진다. 특히 서울은 전국에서 수명이 가장 긴 도시인데다 이미 노인의 10퍼센트 가까이가 치매로 고통을 겪고 있는 곳이다. 노령화 사회로 가고 있는 서울이 해결해야 할 시급한 문제가 바로 치매 가족의 고통을 없애는 것이다.

취임 초 오 시장이 치매 걱정 없는 서울을 만들겠다고 강조한 것도 그 때문이다. 그래서 서울시는 데이케어 센터를 건립했다. 아직 많이 알려지지 않았지만 치매 노인에게 정말 효자 노릇을 하는 곳이 바로 데이케어 센터다.

데이케어 센터는 치매 노인을 돌봐주는 시설이다. 어린이집에서 엄마를 대신해 아이들을 돌보듯 데이케어 센터에서는 가족들을 대신해 낮 시간과 일정한 밤 시간까지 치매 어르신을 돌본다. 여기에도 서울형 어린이집처럼 노인 복지 시설에 인증제를 도입해 서울형 데이케어 센터를 만들었다. 기존 노인 복지 시설들이 치매 노인을 돌보는 데 필요한 일정 조건을 갖추면 서울시가 서울형 데이케어 센터로 인증해 각종 지원을 해준다.

목표는 3텐이다. 각 자치구마다 10개씩, 집에서 10분 거리에, 밤 10시까지 이용하게끔 하는 것이 목표다. 모셔오고 모셔다주는 이동 서비스에 질 좋은 급식과 철저한 위생 관리는 물론이고 요일별로 풍성한 프로그램이 준비돼 있다.

서울시는 서울시민이라면 가족의 치매 때문에 더 이상 고통을 받지 않게 하겠다는 의지다. 2010년까지 250개소를 확보해 그중 80퍼센트인 200개를 서울형 데이케어 센터로 인증하는 것이 목표인데 비용은 치매 진행 상황에 따라 차등 지원하도록 했다.

이뿐만 아니라 지역치매지원 센터도 마련돼 있다. 데이케어 센터가 이미 치매가 진행 중인 상황을 담당한다면 지역치매지원 센

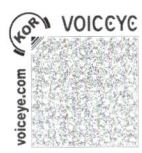

터는 예방에 치중해 교육과 치료를 실시하는 곳이다.

사람들은 치매를 불치병이라고 인식한다. 이것은 잘못된 상식이다. 최근 연구에 의하면 약 10~15퍼센트의 치매는 조기 발견으로 완치에 가까운 치료 효과를 얻고 있으며 조기 치료를 통해 발병을 지연하고 악화를 방지할 수 있다고 한다. 또 조기 진단으로 치매 예방 조치를 할 경우 최장 6년까지 발병을 지연시킬 수 있다고도 한다. 치매의 경과를 2년 지연시킬 경우 중증 치매 환자의 비율을 50퍼센트 정도 감소시킬 수 있다는 일본의 연구 결과도 있다.

따라서 치매 문제를 해결하는 데 더욱 중요한 것은 예방하고 조기 발견해서 치료하는 것이다. 지역치매지원 센터는 이를 원 스톱으로 해결해준다. 서울에 사는 65세 이상의 노인이라면 지역치매지원 센터에서 무료로 건강 상태를 확인할 수 있고 치매가 발견돼 치료를 하는 과정에서도 도움을 받을 수 있다. 올해까지 한 자치구당 최소 센터 하나를 만드는 것이 목표다.

특히 치매 예방부터 치료까지 원 스톱으로 관리하는 서울시의 시스템은 세계적으로도 유례가 없는 정책인지라 타 지자체와 중앙 정부에서도 벤치마킹할 정도로 주목을 받고 있다. 얼마 전 세계적인 경제지 『포브스』에서 경영 품질 대상 공공 혁신 부문 대상을 수상하기도 했다.

하지만 애로 사항도 있다. 서울시 전 자치구에 지역치매지원 센터를 건립해야 하는데 이를 혐오 시설로 오해하고 건립을 반대하는 주민들이 있기 때문이다. 치매는 누구나 겪을 수 있는 질병이라는 사실을 미처 깨닫지 못하는 현실이 안타깝지만 어쩌겠는가. 시간이 지나면 지역치매지원 센터가 얼마나 필요한 곳인지 서울시가 홍보하지 않아도 저절로 소문이 나리라 믿는다.

진시황은 영원토록 살기 위해 사신들을 보내 불로초를 찾게 했지만 의학과 과학이 발달한 요즘에는 이런 복지 서비스가 현대판 불로초가 아닐까 싶다. 의료의 출구가 복지의 입구라는 말이 있다. 서울형 데이케어 센터, 지역치매지원 센터는 서울형 복지의 입구라 할 것이다.

공기질 개선으로 건강 복지를 실현하다

런던은 스모그로 유명하다. 스모그로 인해 시민들의 건강이 크게 위협 받을 정도였다고 한다. 내가 런던으로 유학을 결정했을 때 가장 걱정한 건 향수병도 아니요 언어나 문화적 차이도 아닌 바로 스모그였다.

막상 런던에 가니 걱정은 기우였다. 서울에서는 아침에 갈아입고 나온 흰색 와이셔츠가 저녁이 되면 목깃과 소매가 까매지기 일

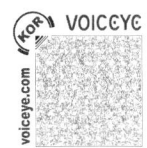

쑤였다. 그런데 런던에서는 3일을 입어도 깨끗한 게 아닌가? 그렇다면 영국 하면 스모그라고 알았던 게 모두 거짓이었을까?

아니다. 실제 영국의 스모그는 아주 심각했다. 내가 갔을 때는 상당히 좋아진 후였다. 영국 정부가 1956년 청정 대기법을 제정하고 난방 연료를 천연가스로 대체하는 등 대기의 청정을 위해 총력을 기울였기 때문에 가능한 결과였다. 그런 노력 덕분에 런던은 아황산가스가 90퍼센트 감소된 클린 도시로 거듭날 수 있었다.

방학을 이용해 한국에 돌아왔다. 공항에 도착했을 때 매캐한 공기에 숨이 막힐 것 같았다. 친구들과 술을 마신 다음에는 숙취가 가시지 않았다. 런던에서는 술을 아무리 마셔도 다음 날이면 숙취가 사라졌는데 말이다. 또 수시로 찾아오는 감기 때문에 기침하고 콧물을 달고 다녀야 했다. 그런 기억이 있는 나로서는 요즘 서울 공기가 확실히 달라졌음을 실감한다.

오 시장이 취임한 이후 대기질이 상당히 개선된 걸로 나타났다. 서울시에 따르면 2008년 1월~7월 사이 서울의 미세먼지 평균 농도는 1세제곱미터당 58.9마이크로그램으로 대기질 관측이 시작된 1995년 이후 상반기 기록으로는 가장 낮은 수치를 기록했다. 미세먼지 농도는 2008년~2009년 2년 연속 하락했다. 저절로 그리된 건 아니다.

오 시장은 가끔 이런 이야기를 한다.

"많은 분들이 제가 국회의원 시절 발의하고 통과시킨 정치자금법을 '오세훈 법'이라고 부릅니다. 하지만 저는 '수도권 대기 환경 개선에 관한 특별법'이 진정한 오세훈 법이라고 여깁니다."

미세먼지의 주범은 시꺼먼 매연을 내뿜는 경유 시내버스다. 그는 국회의원 시절 매연이 나오지 않는 압축천연가스 CNG 버스를 시내버스로 투입하기 위해 큰일을 벌였다. 샌프란시스코와 도쿄를 직접 방문해 관련 자료를 수집하고 디젤 버스와 CNG 버스 구입비의 차액을 환경부와 서울시가 일대일 비율로 부담하도록 한 법을 발의해 통과시켰다.

서울 시내를 오가는 버스를 천연가스 버스로 교체해야 서울의 대기질이 개선되는데 버스 회사에서 자발적으로 교체할 리 만무했기 때문이다. 그것이 바로 '수도권 대기 환경 개선에 관한 특별법'이다.

이 법은 그가 시장에 취임하던 2006년 6월 1일 시행됐다. 자신이 법을 만들어놓고 자신이 현장에서 집행까지 하게 됐으니 얼마나 신이 났을까?

결국 CNG 버스로의 엔진 교체 사업이 급물살을 탔고 2010년에는 모든 시내버스가 CNG 버스로 바뀔 예정이다. 최근 청명한 하

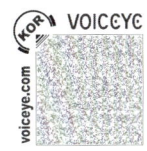

늘을 찍은 사진이 신문 1면에 심심치 않게 등장하게 된 건 바로 그 때문이다.

여기서 중요한 점은 미세먼지가 야기한 만성질환으로 사망한 사람 수가 2003년 대비 1,567명 감소했다는 것이다. 대기질의 변화는 우리 건강에 큰 영향을 미친다. 환경도 좋아지고 질병도 예방되는 대기질 개선 사업. 이것은 일석이조의 그물망 복지가 아닐 수 없다.

문화가 밥도 먹여준다

문화가 복지다

피에르 부르디외. 그는 프랑스의 수재들만 입학한다는 '에콜 노르말' 출신에 사르트르와 푸코 등과 더불어 프랑스의 대표적인 지성인으로 꼽힌다. 그는 생전에 자신의 출신 성분이 문화 자본 연구의 계기가 됐다고 말한 바 있다.

그는 프랑스의 서남부 시골 출신으로 아버지가 유태계로서 우체국 말단 직원인 가정에서 자랐다. 그는 열심히 공부해서 프랑스의 엘리트 교육 기관인 에콜 노르말에 들어갔다. 하지만 이내 큰 충격에 휩싸였다. 당시 파리와 고등사범학교의 귀족적 분위기에 문화적 충격을 받은 것이다. 게다가 소문난 수재 소리를 듣던 그였지만 웬일인지 대학에 입학한 후로는 수업을 따라가기가 벅찼다. 그러던 중 그는 한 가지 사실을 깨달았다. 자신이 겪고 있는 문제의 원인이 바로 어휘에 있다고 말이다. 엘리트 집안에서 자란 사람들이 사용하는 언어와 가난한 시골집에서 자란 자신이 사용하는 언어가 서로 달랐던 것이다.

그는 자신의 경험을 토대로 출신 배경에 따른 문화적 경험의 차이가 사회적 부와 신분의 차이까지 만들어낸다고 인식했다. 경제적으로 소외된 계층은 문화적으로도 소외될 수밖에 없다. 이는 가난한 이들이 가난을 벗어날 기회를 잡지 못하는 결과를 낳고 다시 가난의 악순환에 빠지고 만다는 것이다. 따라서 이 부분에 대한 사회적 배려와 노력이 필요하다고 역설했다. 이것이 유명한 '문화 자본론'의 내용이다.

우리는 보통 물질적인 차이에 따라 부자와 가난한 자를 구분한다. 결과적으로는 틀린 건 아니다. 그러나 부자가 어떻게 부자가 됐는지를 엄밀히 따져보면 그들은 가난한 이들이 접근하기 어려운 문화적 환경에 둘러싸여 교육을 받고 소양을 쌓았으며 이를 기반으로 문화를 재생산하고 부를 축적했음을 알 수 있다. 그러한 문화

에 접근할 기회를 갖지 못한 이들은 경쟁에서 뒤처질 수밖에 없고 빈곤의 악순환에서 쉽게 벗어나지 못한다. 나는 젊은 시절 피에르 브르디외의 논리에 크게 공감했다.

내가 그에 대한 얘기를 다시 듣게 된 건 희망의 인문학 입학식에서였다. 오세훈 시장은 희망의 인문학 과정에 입학하는 노숙인과 저소득 빈곤층을 상대로 어렵게 살아온 자신의 이야기를 들려주었다. 또 가난에서 벗어나기 위해 가장 필요한 것이 무엇인지에 대해서도 역설했다. 오 시장이 직접 파워포인트 자료를 넘겨가며 강연하자 입학생들은 숨을 죽이고 경청했다.

그때 오 시장이 피에르 부르디외 얘기를 꺼냈다. 문화는 배부른 사람들의 전유물처럼 여겨지지만 자신은 그렇게 생각하지 않는다고 말이다. 문화로부터 교양이 나오고 그 교양만이 가난의 대물림에서 벗어나게 해주니 되도록 문화 활동에 자주 참여하라고 강조했다. 졸부가 돼도 문화와 교양이 없으면 공허할 뿐이고 그 부는 곧 사라지고 만다는 말도 했다. 오 시장은 그들에게 가난을 당대에 극복하기는 어렵지만 자식 세대에서는 극복할 수 있도록 자녀들에게 문화적 경험의 폭을 넓혀주라고 신신당부했다. 그러면서 부르디외가 얘기했듯이 가난한 이들이 문화 자본으로부터 소외되는 일이 없도록 무료 공연 및 전시를 최대한 많이 열겠다고 약속했다.

취임 초 오 시장은 그것을 문화 시정이라고 이름 붙였지만 내가 보기에 그것은 일종의 문화 복지였다.

문화가 물처럼 공기처럼 흐른다면

문화 복지라는 말은 학문적으로 완벽하게 정리된 건 아니다. 다만 오 시장의 철학을 바탕으로 서울시에서 정책을 수립하는 과정에서 정리된 개념이라고 이해하면 되겠다.

문화 복지란 문화와 복지를 합친 말이다. 국민의 문화생활상의 요구나 문화적 필요성에 따라 환경에 변화를 주고 문화 서비스를 제공함으로써 문화생활을 향상하는 사회문화적 서비스를 말한다. 복지는 인간의 행복을 위하고 문화는 인간 정신의 행복을 위한다.

문화 복지는 이미 여러 나라에서 실현되고 있다. 예컨대 영국의 경우 장애인·노인·저소득층·소수민족 등 사회 취약 계층의 문화 향유 기회를 확대하기 위해 국립예술기관과 협조하고 있다. 프랑스의 베르사유 궁은 사회 취약 계층 어린이들을 위해 무료로 궁과 정원을 개방한다.

이러한 문화 복지를 가장 잘 설명한 말이 '문화가 물처럼 공기처럼 흐르는 도시'가 아닐까 싶다. 언젠가 서울시에서 발행하는 책자에서 만난 문구인데 참으로 그럴듯하다. 알고 보니 이 역시 오 시

장이 직접 만들어낸 말이란다.

실제로 지난 4년 동안 서울시의 문화 정책은 말 그대로 획기적이었다. 문화예술 분야 재정 지원이 4년 전 30억 원에서 2009년 182억 원으로 늘어난 것이 단적인 예다. 창작 공간은 4년 전 1개소에서 2009년 12개소로 늘었고 공연장과 전시장도 5개소에서 16개소로 늘었다. 현재 새롭게 8개소를 조성하는 중이기도 하다. 무료 프로그램이 대폭 늘어난 것도 큰 변화다. 봄부터 가을까지 서울 광장에서는 매일 저녁 무료 공연이 펼쳐진다. 클래식 · 발레 · 뮤지컬 · 대중가수 공연까지 내용도 아주 다양하다. 2009년에는 폴 포츠도 서울 광장에서 공연을 가졌는데 1만 명이 넘는 시민들이 몰려 성황을 이루었다. 초창기에는 잘 알려지지 않아 수십 명을 두고 공연한 적도 있었지만 이제는 주머니 가벼운 연인들이나 저소득 가족들 그리도 어르신들이 공연장을 많이 찾는다.

세종문화회관에서 하는 '천 원의 행복'도 인기다. 한 달에 한두 번씩 세종문화회관의 좋은 공연을 단돈 천 원에 볼 수 있도록 한 것이다. 「노트르담의 파리」나 「로미오와 줄리엣」처럼 10만 원이 훌쩍 넘는 뮤지컬 공연도 천 원에 볼 수 있어 반응이 폭발적이다. 그 외에 북서울 꿈의 숲과 한강 공원 등에서도 상설 무료 공연이 운영되고 있다. 서울시 복지재단과 문화재단이 함께하는 저소득층

자녀를 위한 문화 교육도 점점 활기를 띠고 있다.

이제 서울에서는 돈이 없어서 형편이 어려워서 문화예술을 접하지 못하는 시대는 지나갔다고 해도 과언이 아니다.

문화가 밥 먹여주는 시대

나는 오세훈 시장에게 불만이 하나 있다. 서울시 내부에서는 이처럼 복지 차원에서 접근하는 문화를 강조하면서 외부에서 문화에 대해 발언할 때는 왜 경제 논리를 앞세우냐는 것이다.

그는 자타가 공인하는 문화 시장으로 통한다. 그는 '컬처노믹스'를 강조한다.

오 시장의 정의에 따르면 컬처노믹스란 문화를 원천으로 고부가가치를 창출하는 것을 말한다. 그는 21세기는 문화가 곧 도시 경쟁력이자 국가 경쟁력이 되는 시대라며 문화 자본 없이는 선진 도시 진입도 없다고 강조한다. 특히 서울에 문화의 옷을 입혀야 세계 무대에서 잘 팔리는 도시가 된다면서 이를 위해서는 서울시민이 문화 시민이 되고 서울이 창의 문화 도시가 돼야 한다고 설파한다.

그는 자신의 저서 『시프트-생각의 프레임을 전환하라』에서 이렇게 적고 있다.

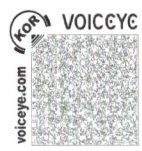

다가오는 시대가 요구하는 핵심 자원은 20세기 국부를 갈라놓았던 땅속의 지하자원이 아니다. 문화 자원이다. 문화 자원은 사람의 상상력에서 나온다. 내가 사는 땅에 무엇이 묻혀 있는지 우리 조상이 내게 무엇을 물려주었는지에 상관없이 지금 이 시대를 살아가는 모두가 문화 자원의 생산자가 될 수 있는 것이다. 문화로 승부를 걸기 위해서는 우리 스스로 문화 중심의 마인드를 갖추어야 한다. 문화 경제의 메커니즘을 이해하고 문화가 기업이나 도시뿐 아니라 개인의 삶에도 결정적인 영향을 미칠 것이라는 인식 하에 미래를 준비하는 자세가 필요하다.

꿈과 낭만과 분위기와 느낌을 사고파는 21세기에는 같은 커피라도 문화를 담아 팔면 수십 배 더 비싸게 팔 수 있다는 그의 논리에 이의를 달 사람은 없다. 실지로 문화와는 전혀 상관없는 카드 회사도 세탁기를 파는 전자 회사도 두통약을 파는 제약 회사도 앞다투어 문화 마케팅으로 브랜드 인지도를 높이는 것이 현실이니 말이다.

그런데 문화의 사회적 역할을 경제 효과로 설명하니 왠지 시민의 삶의 질을 높이는 문화의 역할이 축소되는 느낌이다. 게다가 서울시에서 추진하는 문화 정책은 복지 차원에서 접근하는 측면이 강한 만큼 복지 전문가인 내 입장에서는 이런 차원에서 문화의 중요성을 강조해주기를 바라는 마음도 있다.

언젠가 오 시장의 고등학교 동창과 이에 대해 얘기를 나누다가 자연스레 오해 아닌 오해를 풀게 됐다. 그는 이렇게 말했다.

"오 시장은 어려운 시절을 극복하고 변호사가 됐습니다. 그리고 선진국을 다니면서 문화에 대한 확신을 가지게 됐답니다. 그런데 아직 우리의 문화 수준이 성숙하지 않아 어쩔 수 없이 경제적인 논리로 문화의 중요성을 설득하는 것 같습니다."

듣고 보니 오 시장의 고충이 이해됐다. 아직도 우리 사회에는 문화를 배부르고 가진 자들을 위한 유희쯤으로 여기는 정서가 남아 있다.

나는 문화와 복지를 별개로 생각하는 한 서울의 발전은 없다고 확신한다. 앞서 말했듯이 문화는 배부른 사람보다는 오히려 힘들고 지친 이들에게 더욱 절실하다. 서울이 저렴한 비용으로 문화예술 공연을 즐기는 도시가 되면 가장 큰 혜택을 받는 계층은 문화적으로 소외됐던 저소득 빈곤층이다.

"이상적인 문화란 그 문화의 조건에 대한 인식이 보편적으로 퍼져 있는 문화다."

영국의 대표적인 작가인 리처드 해밀턴이 한 말이다. 문화는 많은 이들에게 정신적인 양식이다. 서울에 문화 복지가 더욱 꽃피워

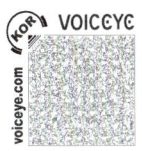

야 한다는 공감대가 확산되기를 기대한다.

디자인이 살면 복지도 산다

존경하는 오세훈 시장님께 올립니다.

저는 종로구 환경미화원으로 32년째 근무하고 있는 ○○○입니다. 저희 종로구는 문화·복지·환경 1등구 건설을 구정 목표로 삼고 종로구청장님을 비롯해 전 직원이 한마음 한뜻으로 최선의 노력을 경주하고 있습니다. 최근 매스컴을 통해 새로이 도입될 환경미화원 복장을 보고 설레는 마음으로 기다리다가 지난 2월 20일 드디어 환경미화원 복장을 착용해보았습니다. 착용감도 좋고 디자인과 색상도 맘에 들었습니다.

경찰 공무원 복장과 유사한 점이 우리를 환경 파수꾼으로 인정하는 것처럼 보여 기분이 더욱 좋았습니다. 저희 같은 환경미화원의 복장까지도 돋보이게 디자인한 세심한 배려에 새삼 가슴이 뭉클해져 옵니다.

사람과 자연이 어우러진 환경 도시를 염두에 두면서 선택하신 환경미화원 근무복에 대해 시민들의 반응도 매우 좋습니다. 그간 어두웠던 색상에서 과감히 벗어난 밝고 산뜻한 색상과 발광 벨트가 한층 돋보입니다. 컴컴한 새벽녘 안전사고를 막을 수 있어 매우 좋다고 생각합니다. 쉽게 오염되지 않을까 우려도 했지만 막상 착용하고 작업해보니 괜한 걱정이었습니다. 이러한 복장을 하고 열심히 일하면 우리의 모습이 시민들에게 더욱 부각되지 않을까 싶기도 합니다.

존경하는 시장님.

저희 같은 어려운 환경에서 일하는 근로자에게까지 이렇게 세심한 배려와 관심을 보여주시니 존경심이 절로 생깁니다. 더구나 저희 휴게실 정비에도 많은 예산을 책정해서 쾌적한 공간에서 근무할 수 있도록 해주신 것도 정말 감사합니다.

서울시민의 한 사람으로서 나아가 국가의 공복으로서 자부심을 가지고 시장님께서 건설하고자 하는 일류 도시 서울을 만드는 데 미약한 힘이나마 보태고 싶습니다. 시장님께서 꿈꾸시고 계획하시는 시정 사업이 하루 빨리 건설되기를 간절히 기원합니다.

2009년 2월 25일
종로에서 환경미화원 ○○○ 올림

이 편지는 환경미화원 한 분이 오 시장에게 친필로 써서 보낸 것

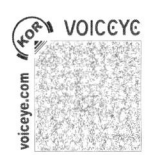

이다. 그동안 직업에 자부심을 가질 수 없게 했던 환경미화원 복장을 새롭게 디자인해 바꿔준 서울시에 감사하는 마음이 엿보인다.

문화와 쌍둥이처럼 언급되는 것이 디자인이다. 그런데 디자인은 현실적으로 문화 이상으로 복지와 상반되는 개념으로 거론되곤 한다. 서울시가 디자인 같은 겉치레 행정에 치중하느라 서민의 눈물을 닦아주지 못한다는 식의 논의가 그것이다. 문화에 대한 오해도 그렇지만 디자인에 대한 오해도 안타까울 뿐이다. 도시 디자인이 서울의 어려운 이웃들에게 미치는 영향을 생각하면 더욱 그렇다.

2007년 여름쯤일 것이다. 오 시장이 서울의 환경미화원 복장을 새롭게 디자인하라는 지시를 내렸다는 소식을 들었다. 처음에는 솔직히 시장이 어찌 환경미화원 복장까지 챙길까 생각했다. 나는 관련 부서장을 만났을 때 이에 관해 물어보았다.

오 시장은 취임 초기에 현장 점검 차원에서 환경미화원 복장을 갖추고 거리로 나섰다. 그리고 환경미화원들에게서 애로 사항을 들었다. 그들은 몸이 힘든 건 참겠는데 주위의 시선은 참기 힘들다고 호소했다. 실제로 환경미화원들은 새벽일을 끝내고 아침을 먹으러 식당에 들어가면 주인의 눈치를 봐야 하는 실정이었다.

오 시장은 사무실로 돌아와 디자인을 책임지는 부서에 지시를 내렸다고 한다. 환경미화원은 꼭 필요한 일을 수행하는 분들인데

칙칙한 주황색으로 연상되는 이미지 때문에 자부심을 전혀 느끼지 못한다는 지적이었다. 그리고 작업복에 공공성과 전문성을 최대한 살린 디자인을 적용해보라고 지시했다. 당시 오 시장이 주문한 것은 딱 한 가지였다고 한다. 환경미화원의 자부심을 디자인한 옷이어야 한다는 것이었다.

나는 그 이야기를 들으며 생각했다.

'맞다. 디자인이 복지와 밀접하게 연관돼 있다는 걸 왜 생각지 못했을까?'

전문가들 말에 따르면 디자인이란 그저 외관을 그럴듯하게 치장하는 것이 아니다. 디자인이란 그것을 소비하는 사람의 감성적인 만족감을 높이는 과정이다. 간혹 디자인 정책에 대해 겉치레 행정이니 전시 행정이니 하며 딱지를 붙이는 사람들이 있다. 하지만 디자인 전문가가 아닌 내가 봐도 이는 디자인을 잘 몰라서 하는 소리다.

도시 디자인은 도시에 사는 사람들의 삶의 질을 높이고 행복감을 끌어올리는 역할을 한다. 그러므로 복지가 이루어지는 과정과 다를 바 없다. 디자인을 겉치레로 치부하고 서민을 위한 복지와 상반되는 것으로 설명하는 것은 앞뒤가 안 맞는 말이다.

근무복을 교체한 후 환경미화원들의 근무복 만족도는 77퍼센트

에 달했다. 디자인은 환경미화원의 안전사고에도 영향을 미쳤다. 이전 3년 동안 환경미화원의 안전사고는 연간 84~96건에 달했는데 근무복을 푸른 형광색 디자인으로 바꾼 후로는 51건으로 확 줄었다. 디자인이 그저 겉멋만을 위한 게 아니라는 반증일 것이다.

최근 서울이 외국 언론에 자주 언급되는데 대표적으로 『뉴욕 타임스』가 서울을 '2010년 꼭 가봐야 할 도시'로 꼽은 것을 들 수 있다. 서울이 디자인 중심 도시로 거듭나고 있다는 것이 선정 이유였다.

미국에 이어 영국 언론도 서울을 '2010년 디자인 어워즈Design Awards' 도시 부문 베스트 5로 선정했다. 1996년 창간된 『월페이퍼Wallpaper』라는 세계적인 디자인 전문지가 선정했다. 회색 도시의 이미지를 벗지 못하고 있던 서울로서는 더없이 좋은 소식이었다.

이는 서울시가 지난 4년 동안 시정에 디자인을 적용한 결과다. 성냥갑 아파트를 퇴출시키고 간판과 가판대 및 노점상 디자인도 정비하는 등 서울시는 세밀한 부분까지 신경을 쓰며 변화를 이끌어냈다. 특히 한강 르네상스 프로젝트나 남산 르네상스 프로젝트로 서울의 자연 자산을 업그레이드하고 광화문 광장과 같은 랜드마크를 만들어낸 노력은 진심으로 높게 평가해주고 싶다.

디자인을 통해 서울의 매력이 업그레이드되고 서울의 브랜드 가치가 높아지면 그 혜택은 바로 시민들에게 돌아간다. 특히 서울의 매력이 외국에 널리 알려져 관광객이 증가하면 그 효과는 더욱 커진다. 관광객 25명이 늘어나면 일자리가 1개 늘어난다는 것이 전문가들의 분석이다. 지난 4년 동안 서울의 관광객은 30퍼센트나 증가했다. 이 추세대로 2010년에도 관광객이 늘어나면 서울에는 3만여 개의 일자리가 더 창출될 것이다.

일자리 창출은 가장 기본적인 복지 정책이다. 그런 만큼 디자인과 복지를 상반된 가치로 거론하는 일은 사라져야 한다. 디자인과 문화 그리고 복지를 계속해서 이분법적으로 나누는 한 성숙한 복지 도시나 복지 국가로 나아가는 일이 그만큼 멀어질 테니 말이다.

시민을 고객으로 모시는 마인드

"서울시는 시민 고객들의 복지를 올리는 데 그 존재 의미가 있습니다."

오세훈 시장이 언젠가 내게 한 말이다. 나는 시민 고객이라는 말을 그에게서 처음 들었다. 시민 고객이라는 말이 무척 신선했다.

'서울시장이 시민을 고객으로 모신다.'

어쩌면 당연한 일인데도 그동안 시민들은 대접 받을 생각을 아예 하지 못했다.

오 시장은 노인이라는 말도 쓰지 않는다. '연세 지긋한 시민 고객'이라고 표현한다. 만일 그가 사용하는 시민 고객이라는 말이 정치적인 고려에서 나온 말이었다면 사석에서라도 무의식중에 가난한 사람들 혹은 서민이라는 말이 튀어나왔을 것이다. 하지만 나는 그와 함께 일하면서 한 번도 그런 표현을 들어본 적이 없다.

오 시장이 취임한 후 서울시 직원들도 시민 고객이라는 말을 입에 달고 다닌다. 오 시장이 재임한 지난 4년 동안 서울시민들의 민원 행정 만족도는 해마다 기록을 갱신하고 있다. 아마도 시민을 고객으로 모시는 리더의 철학이 영향을 미쳤기 때문이 아닐까?

오 시장은 이렇게 말한다.

"우리가 사용하는 말이 무의식중에 우리의 행동을 결정합니다."

서울시민 모두를 위한 보편적 복지에 그가 역점을 두는 것도 시민을 고객으로 모시는 마인드에서 비롯된 것이 아닐까 싶다.

4장

모두가 행복한
도시를 꿈꾸며

여성이 행복하면 모두가 행복하다

맨홀 정비가 무슨 복지냐고요?

어느 날 출근을 하는데 버스의 광고판이 눈에 들어왔다.

'여자를 울려라.'

카피도 참 기막히게 잘 만들었다는 생각이 들었다. 자세히 보니 서울시 정책이다. 여자를 감동으로 울리라는 뜻이었는데 격세지감이다. 공공이 이렇게 적극적으로 그리고 감성적으로 홍보하기 시작한 것은 요즘 들어 볼 수 있는 변화다.

이름도 특별하다. 여행 프로젝트. 여행 가는 게 아니다. 여성이 행복한 도시 프로젝트의 줄임말이란다. 광고 카피만큼이나 정

책 이름도 감성적이고 감동적이다. 내용을 살펴보니 하이힐을 신고 걸을 수 있는 거리라는 문구도 있다. 도대체 어떻게 비롯된 발상인지 궁금하지 않을 수 없었다. 아무리 여성의 감성을 읽어내는 생활 밀착형 정책이라고는 하지만 말이다.

그래서 언젠가 담당 부서장에게 물어보았다.

"누구 아이디어입니까?"

"기발하죠? 아시다시피 오 시장님이 여직원들하고 간담회를 했는데요. 그때 한 여직원이 서울시에서 하이힐 신고 걷고 싶다고 말한 거예요."

하이힐을 신는 여자가 아니라 잘 몰랐건만 여자들은 하이힐을 신고 걷다가 보도블록의 틈새에 구두 굽이 끼어 낭패를 보는 일이 잦다고 한다. 곰곰이 생각해보니 중요한 미팅을 앞두고 예기치 않게 구두 굽이 망가지면 수선하는 데 시간을 뺏겨 일을 망칠 수 있겠다는 생각이 들었다.

"구두 굽 수선하느라 회의에 늦었습니다. 죄송합니다."

회의에 늦어서 하는 변명치고는 참으로 옹색할 것도 같다.

"실제로 오 시장님이 사모님과 인사동으로 나들이를 갔다가 사모님 구두 굽이 보도블록 틈에 끼는 바람에 연극 관람에 늦을 뻔하셨대요."

당시 오 시장이 아내와 함께 구두 수선공을 찾아가 물었단다.

"이곳에서 장사가 잘됩니까? 손님 층은 주로 어떻습니까?"

"젊은 여자들이 대다수 고객이죠. 그 덕에 이곳에서 수입 좀 올렸습니다."

그래서 나온 것이 바로 하이힐 프로젝트다. 구두 수선하는 분들에겐 미안하지만 여성들의 불편을 최소화할 의무가 있는 서울시는 그 후 하이힐을 신은 여성들이 맘 놓고 다닐 수 있도록 맨홀 뚜껑을 정비하고 보도의 조명을 개선해 여행길을 만들었다.

'맨홀 뚜껑이나 갈아엎는 게 복지라고?' 언젠가 한 신문에서 이 머리기사로 오세훈 시장을 비판하는 글을 읽은 적이 있다. 그건 여자를 몰라도 너무 모르고 하는 얘기이다. 실제로 오 시장은 국회의원 재직 당시부터 호주법 폐지 법안이나 남녀 화장실 동수 법안 등을 통과시키는 데 주요 역할을 한 사람이다. 그래서 이만큼의 정책도 구상하는 것이다.

커리어우먼의 복장에 하이힐이 필수라면 커리어우먼이 많은 서울시의 길도 그녀들이 편리하게 걸을 수 있도록 정비해야 한다. 수시로 하이힐이 끼어 낭패를 봐 울고 싶다면 도대체 그 하소연은 누구에게 해야 할 것인가. 동병상련을 겪는 여성들끼리 한숨이나 쉬며 넘어갈 법한 일에 서울시가 나서서 대책을 마련했다는 건 그야

말로 여자를 울리는 일이 아닐 수 없다.

즉 거창하지만 직접 와 닿지 않는 정책보다는 작고 사소해 보여서 지나치지만 실제 생활에서는 절실한 것을 개선해보자는 취지에서 비롯된 것이 바로 여행 프로젝트이다. 여성은 작은 것에 더 깊이 감동하기도 한다. 바로 이 여성들이 일상생활에서 느끼는 불편과 불안이나 불쾌감을 덜어주면 사회가 더 행복해지지 않을까. 이것이 그 출발점이다.

여성이 행복하면 모두가 행복하다

"여행 프로젝트를 진행하면서 오 시장님 때문에 놀랄 때가 한두 번이 아니에요. 여자인 저보다 여자를 더 잘 이해하시는 분 같아요."

여성 정책을 추진하는 부서에서 하는 얘기다. 같은 남자로서 질투가 날 정도로 오 시장은 여자들한테 인기가 많다. 아마도 여성들의 마음을 아주 잘 헤아리기 때문일 것이다. 혹시 영화 「왓 위민 원트」의 멜 깁슨처럼 어느 날 꽈당 하고 넘어지면서 여자의 마음을 읽는 능력을 얻은 건 아닐까 하는 우스운 생각도 해본다.

오 시장에게 농으로 이 질문을 던져보기도 했다.

"집에 들어가면 저를 제외하곤 가족 모두가 여성이라 자연스럽게 여성 친화적 인물이 될 수밖에 없어요."

이쯤이면 나는 그만 뜨끔해지고 만다. 나 역시 아내는 물론 집에 딸이 둘씩이나 있는데도 여전히 여성에 대해 모르는 게 많기 때문이다. 오 시장과 '여성'이란 주제를 두고 토론을 벌이다 보면 내가 느끼고 깨닫는 게 많다.

"바깥에서 복지만 외치지 말고 집안의 복지도 좀 챙겨봐요."

아내는 집안일에는 영 무신경한 내게 자주 툴툴댄다. 사실 이 말들 들을 때마다 많이 미안해진다.

여성정책과 직원들의 이야기를 더 옮겨보면 이렇다.

"오 시장님은 처음부터 서울시의 모든 부서가 여성을 위한 정책을 해야 한다고 말씀하셨어요. 주택·교통·환경·복지·문화 등 모든 부서에다 다 여성이 공감할 수 있는 정책을 내놓아보라고 하셨죠. 분기별로 회의를 주재하시고 아이디어를 내라고 독촉하셨어요. 자꾸 독촉하시니까 각 부서장들이 자나 깨나 '여자를 감동시킬 게 뭘까.'로 고민을 한 거죠. 그래서 여행 프로젝트가 성립된 거예요. 오 시장님 정말 대단하세요."

오 시장이 부드럽고 사람 좋아 보이지만 실은 꽤나 꼬장꼬장한 시아버지처럼 굴었나 보다. 그렇게 톡톡 튀는 많은 아이디어들이 직원들로부터 쏟아져나온 걸 보면 말이다.

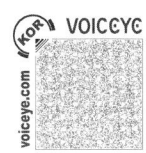

그런데 오 시장의 이야기를 들어보니 그렇게 꼬장꼬장하게 굴수밖에 없었던 이유가 있었다. 그는 자신의 블로그에서 이렇게 고백했다.

"다들 열심히 노력하는데 왜 좋은 아이디어가 나오지 않을까 고민이 되더군요. 그때 뇌리를 스치는 생각이 있었습니다. '보고를 하는 간부들이 모두 남자다!' 여성들이 느끼는 불쾌함과 불편함을 남성들은 제대로 알 수 없습니다. 그런데도 남성들이 모여 이를 개선하겠다고 했으니 당연히 한계에 부딪힐 수밖에요."

그는 서울시정을 '여성의 시각에서 바라보라'고 요구했다. 여성이 행복하면 남성이 행복하고 아이가 행복하다는 것이 그의 지론이었다.

그 결과 서울시의 여행 프로젝트는 지난 52차, 53차 UN 여성지위위원회CSW에 발표돼 '전 세계 도시가 공유해야 할 매우 좋은 정책'이라는 평가를 받았다. 2008년 7월 10차 마드리드 세계여성학대회에서도 역시 호평을 받아 그해 10월 세계여성포럼 서울 총회 개최로 이어졌다. 여기서 여행 프로젝트는 핀란드의 헬싱키와 독일의 뮌헨 그리고 캐나다의 몬트리올이 공유하기로 합의하기도 했다. 실로 대단한 성과가 아닐 수 없다.

오 시장은 이러한 결과에 대해 한 언론과의 인터뷰에서 다음과 같이 말한 적이 있다.

"처음 여행 프로젝트에 불을 붙이기란 결코 수월하지만은 않았습니다. 젖은 장작에 불붙이는 심정이랄까요? 붙이려고 해봤자 물기에 젖을 대로 젖은 장작이 불에 붙을 리 만무하죠. 하지만 직원들에게 분기별로 아이디어를 내라고 닦달하고 독촉하다 보니 한순간 티핑 포인트를 맞게 됐습니다. 그렇게 한 번 탄력을 받으니 서울시 전체로, 다른 도시로, 해외로 조금씩 영향력이 퍼져나간 겁니다."

불이 붙은 여행 프로젝트는 실제로 여성들의 마음을 울렸다. 나는 아주 가까이서 그 사실을 피부로 느낄 수 있었다.

어느 날 아내가 지하철을 타고 와서는 즐겁게 이야기했다.

"지하철 화장실이 호텔급이에요, 여보."

여행 프로젝트 실시 이후 오 시장과 여성정책부 조은희 정책관은 실제로 서울시 여성들에게는 제법 스타로 자리매김까지 했다. 오 시장의 경우 오사모(오 시장을 사랑하는 사람들의 모임)라는 팬클럽이 결성되기도 했다.

사실 난 잘 몰랐는데 지하철 역사 내 여성 화장실은 유난히 붐빈다고 한다. 남성들에 비해 여성들은 변기 사용 횟수가 그만큼 많기 때문이다. 그리고 화장실에서 볼일만 보는 게 아니므로 파우더 룸

이 없으면 상당히 불편하다고 한다.

실제로 지난해 서울시는 지하철 화장실 공사를 대대적으로 하여 여성 화장실 변기 수를 늘리고 파우더 룸을 설치하는 등 청결한 화장실 환경을 만들기 위해 노력했다. 어린아이를 데리고 외출하는 젊은 엄마들을 위해 유아용 변기 시설도 늘렸다. 예전에는 지하철을 타도 공공화장실을 이용하지 않고 집까지 꾹 참고 오던 아내가 만족할 정도라 굳이 보지 않아도 그 청결한 분위기가 짐작된다.

화장실 하나 고치는 것에 뭐 그리 열광하느냐고 할지도 모르겠다. 그에 대해 오 시장은 자신의 책에 이렇게 밝혔다.

"사회의 발전 단계가 높아질수록 여성 능력이 더욱 중요해질 것이다. 우리가 선진국으로 도약하려면 이런 자질을 갖춘 여성들이 쉽게 사회의 주류로 편입될 수 있도록 시스템을 만들어야 한다. 그런데 여성이 자신의 능력을 마음껏 발휘하기 위해서는 우선 일상생활이 안전하고 쾌적하고 행복해야 하지 않을까? 도시 여성 정책의 기본은 바로 그런 인프라를 구축하는 것이다. 따라서 서울시의 여행 프로젝트는 초석을 만들어나가는 과정이다. 또 여성이 행복해지고 남성이 행복해지고 우리 아이들이 행복해지는 지름길을 만들어나가는 과정이기도 하다."

여성을 위한 종합 선물 세트

나는 여행 프로젝트에서 추진하는 사업을 볼 때마다 여성을 위한 종합 선물 세트라는 생각을 한다. 남성들이 억울해질 정도다.

서울시는 여성 전용 브랜드 콜택시를 운행하고 있다. 딸을 둔 아버지들은 모두 알 것이다. 딸아이의 귀가 시간이 늦어질 때마다 얼마나 가슴이 철렁하는지 말이다. 아침에 학교 가는 딸아이가 다녀오겠다고 인사하면 '그래'라는 답변 대신 일찍 들어오라는 말이 먼저 튀어나온다. 그만큼 사회가 흉흉하기 때문이다. 며칠 전에도 부산에서 여중생이 납치돼 변사체로 발견됐지 않았는가. 같은 딸자식을 둔 입장에서 그 부모의 가슴이 미어질 것을 생각하면 심장이 아려온다.

서울시 역시 같은 고민을 한 것이다. 그래서 만든 것이 서울시 지정 브랜드 콜택시 안심 서비스이다. 브랜드 콜택시를 이용하면 GPS를 이용해 최단거리에 있는 빈 택시를 부를 수 있다. 또 사전에 안심 귀가 서비스를 등록 신청하면 택시 탑승 정보가 등록된 전화번호로 가족에게 자동 전송되므로 자녀의 귀가 걱정을 줄일 수 있다.

서울시는 또 여성 주차장 확보에도 힘쓰고 있다. 여성이 편리하게 주차할 수 있게 여성 전용 주차 구획을 설치하고 안전을 위해

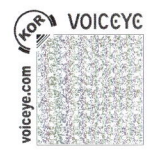

주차 사각지대에 CCTV와 비상벨을 추가로 설치하고 있다.

그러나 종합 선물 세트의 결정판은 따로 있다. 바로 여행 아파트. 여행 아파트는 서울시가 주택 선택권을 가진 여성이 바라는 행복한 주거 조건 기준을 고려해 그 조건을 모두 충족시킨 아파트를 말한다. 여성을 배려하고 여성의 편의를 고려한 만큼 안전성과 쾌적성에서 단연 돋보인다. 그야말로 알찬 종합 선물 세트라 할 수 있다.

내용을 찬찬히 들여다보면 여성들이 정말 탐낼 만하다. 주방 싱크대 하부에 탈수기와 건조기 및 분쇄기를 설치해 음식물 쓰레기를 자동 처리하므로 굳이 냄새나는 음식물 쓰레기를 들고 밖으로 나가지 않아도 된다. 또한 욕실은 전용면적이 60제곱미터 이상일 경우 부부 욕실을 옵션화해 드레스 룸, 파우더 룸, 부부 침실 수납 공간 등으로 구분해 사용할 수 있게 했다. 뿐만 아니라 사회생활과 가사와 육아 등을 동시에 수행하는 여성들을 위해 아파트 내 휴게 공간을 마련하는 것은 물론 여성전문병원과 연계된 시스템을 도입하고 차별화된 어린이 시설과 노인 보호 시설을 갖추도록 했다.

"밤늦게까지 일하고 귀가하는 여성들을 위해 야간 조도에도 신경을 쓸 거구요. 범죄 예방 설계도 도입할 거랍니다. 집은 안전해야 하니까요."

설명을 하는 담당 직원의 목소리에 힘이 들어가 있다. 그 역시 여성이다. 여기에 친환경 자전거 도로도 설치해 여성의, 여성에 의한, 여성을 위한 행복한 아파트를 만드는 게 현재 서울시의 여행 아파트에 대한 계획이자 포부이다. 2009년에 시범지구로 두 군데를 정해 추진했고 2010년에는 민간 부분까지 확대해 3개 지구 2만 886세대 건설을 추진하고 있다.

대부분 여성들은 비록 사회에서는 여성으로서 존중 받을지 몰라도 집에 들어서는 순간부터는 가사의 노예로 전락하지 않을 수 없는 게 현실이다. 이런 자각 하에 서울시가 이제 안팎으로 여성을 존중하는 정책을 펼쳐나가는 것이다. 그것의 결정체가 바로 여행 아파트가 아닐까 싶다.

사실 이전부터 모두가 공감하고 개선해보자 생각했을 것이다. 그러나 생각뿐 진정 정책으로 실현시킬 리더가 없었던 것은 아닐까. 하지만 지금은 다르다. 오 시장이 늘 이야기하기 때문이다.

"부디 여성이 행복해질 수 있는 아이디어를 많이 내주세요. 여성이 행복하면 모두가 행복하니까요."

장롱 자격증 되살리기로 엄마가 신났다

서울시가 복지 정책의 5대 대상으로 여성을 꼽으면서 서울의 여성들은 이전에 받아보지 못한 많은 혜택을 누릴 수 있게 됐다. 한 가지 안타까운 점이 있다면 아직 구체적인 사업들이 많이 알려지지 않았다는 점이다. 그래서 이용하지 못하는 여성들도 많다. 이중 하나가 '엄마가 신났다' 프로젝트다. 정말 여러모로 효과적이나 홍보가 많이 되지 않아 안타까운 정책이다.

글로벌 경제 위기의 여파로 취업난이 심각하다. 그 와중에 여전히 사회적 약자인 여성들은 더욱 어려움을 겪을 수밖에 없다. 여성들이 취업에 어려움을 겪는 것은 결혼과 출산으로 자의반 타의반 일을 그만둔 뒤 경력에 단절이 생기기 때문이다. 이 경우 안 그래도 취업난이 심각한 요즘 재취업은 하늘의 별따기나 마찬가지다.

엄마가 신났다 프로젝트는 이러한 엄마들이 다시 일을 시작함으로써 엄마는 물론 가족들 모두 신이 나는 서울을 만들자는 것이 목표다. 엄마들인 만큼 파트타임 일을 원하거나 아이들을 키우며 할 수 있는 일거리를 찾거나 한다. 그래서 분야별 맞춤 취업을 실시하고 있다.

먼저 '장롱 자격증 되살리기'라는 프로그램이 있다. 전문 자격증이 있지만 경력이 단절된 주부들에게 교육을 통해 자신감을 회복하게 한 뒤 직장을 연계해주는 것이다. 주부 간호사 160여 명을 대상으로 시범 운영을 했는데 결과가 매우 좋다. 앞으로 주부 사회복지사, 주부 교사, 주부 정보처리사, 주부 운전사 등으로 직종을 확대해나갈 예정이다.

전문 자격증이 없는 경우는 서울시가 따로 맞춤교육을 마련해 실시하고 있다. 서울의 각 지역마다 특화된 사업이 있다. 따라서 관련된 교육을 제공한 뒤 지역에 필요한 일꾼으로 거듭나게 해주는 것이다. 도심권에는 사무와 회계 업종이, 서남권에는 IT 업종이, 동대문 지역에는 섬유나 패션 업종이 특화됐다.

또한 고학력 주부의 경우에는 각자의 재능에 맞는 맞춤형 직업 교육과정을 개설해 일자리를 연계해준다. 어린이 영어 지도사, 음악·미술·향기·원예 치료사, 푸드 매니저 등 특화된 직종을 적극 육성할 계획이다.

창업도 적극 지원한다. 여성 창업보육센터를 만들어 여성 CEO 아카데미를 개설했다. 전문 창업 컨설턴트에게 일대일 지도를 받게 함으로써 창업 경험과 지식이 전혀 없는 예비 창업 주부들 스스로 기업을 꾸려나갈 수 있게 하는 것이다.

이렇게 해서 지난해 3만 5,000여 명의 엄마들에게 일자리를 찾아주었다. 애초에는 2만 8,000명의 일자리를 만들어내는 것이 목

표였는데 다행히 목표치를 23퍼센트나 초과 달성했다. 올해는 작년보다 더 높은 목표치를 잡았다. 2만 8,000명을 훌쩍 넘어 3만 5,000명의 엄마들을 더 신나게 하는 것이 목표다. 작년과 올해 합하면 7만 명의 엄마들이 신바람 나지 않을까 싶다. 그러면 서울에 사는 여성들의 만족감도 더 올라가겠지.

오 시장이 늘 외치듯 엄마가 신이 나야 자녀들도 신이 나고 남편들도 신이 나고 나아가 우리 사회도 신이 난다.

지금은 여성 시대, 여성성을 높여라

다음은 엄마가 신났다 프로젝트를 통해 직장을 갖게 된 주부의 이야기이다.

"'선생님, 안아 주세요.' 하며 운동장에서 달려오는 아이들을 맞을 때면 내 직업에 자부심을 느낀다. 수업 중에 자주 쓰는 말이 'You did well(참 잘했어요).'이다. 어쩌면 내 자신에게 하는 말인지도 모른다. 남편의 해외 발령과 아이들의 육아 교육 등 여러 문제들이 겹치면서 일을 그만두게 되었다. 하지만 아이들이 자라면서 다시 일을 하고 싶었다. 나는 제2의 인생을 시작하겠다고 생각하고 이곳저곳에 이력서를 넣었으나 결과는 참담하기 그지없었다.

그 과정에서 서초여성인력개발센터에서 교육하는 '서울알림이' 영어 과정을 알게 됐다. 이 프로그램은 외국인, 교포 2세, 다문화 가정을 대상으로 우리 문화를 제대로 알리고 가르칠 알림이를 육성하는 것이 목표이다. 취업과 연결돼 지금은 초등학교에서 영어 부교사로 활동하고 있다. 영어를 아이들에게 가르치면서 더 전문적인 교육을 받아야겠다는 생각에 수업을 마친 오후에 대학교에서 테솔 과정을 듣고 있다. 만약 내가 집에만 있었다면 이렇게 전문가로 나설 수 없었을 것이다."

미래학자 존 나이스비트John Naisbitt는 21세기는 여성의 시대라고 했다. 그만큼 여성의 사회 참여율이 높아졌다는 의미다. 또 개인이나 조직이 여성성을 높일수록 성공 가능성은 커진다고 평가했다. 그래서 어떤 남성들은 오히려 역차별이라며 볼멘소리를 하기도 한다. 그동안 남성성을 강조하는 방향으로 세상이 진화해왔다면 이제는 여성성을 강조하는 방향으로 세상이 진화하고 있다. 시계추는 갑자기 정중앙에 멈춰 서지 않는다. 양쪽으로 왔다 갔다 하다가 서서히 중간 지점에서 멈추는 것이다. 지금 우리 시대도 남성성과 여성성의 중간 단계로 진화하는 것이 아닌가 싶다.

생물학적 성sex은 유전자에 의해 결정된다. 그러나 사회적 성gender은 언제나 열려 있다는 사실을 명심해야 한다. 그런 측면에

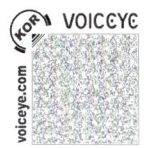

서 서울시의 여행 프로젝트는 열린 사회적 성을 실천하기 위한 기본 전략이라는 느낌이 든다. 이 전략이 불안, 불편, 불만으로 일컬어지는 여성들의 3불不을 해소하는 적절한 매개가 되기를 바란다.

장애인의 시각으로 서울을 보다

장애 문제, 소리 없는 아우성

현대 사회는 '누가'라는 질문보다 '무엇'이란 질문을 더 많이 한다. '누가'는 인간 개개인에 대한 궁금증이지만 '무엇'은 현상이나 사물에 대한 궁금증이다. 현상과 사물에서 인간은 소외되기 쉽다.

장애 문제도 마찬가지다. 장애 문제를 내 문제 내 주변 문제로 생각하면 의외로 쉽게 해결할 수 있다. 그러나 장애 문제를 인간 개개인의 문제로 보지 않고 늘 '장애'라는 개념 혹은 현상으로 보기 때문에 주체적으로 해결하지 못하는 것이다.

예를 들면 이렇다. 김철수 씨의 아버지는 전동 휠체어를 타고 다니는 장애인이다. 그는 지하철을 주로 이용하는데 그때마다 곡예를 하는 느낌이다. 지하철과 승강장 사이의 간격이 넓어 전동 휠체어 바퀴가 자주 빠지기 때문에 속력을 내야지만 바퀴가 빠지지 않는다. 그러나 전속력으로 달리면 몸이 뜨게 되고 승강장에 착지할 때 몸에 오는 충격이 이만저만이 아니다. 그렇게 속력을 내서 달리다 앞으로 고꾸라져 다친 적도 있다. 그래서 지하철을 타려면 마치 목숨 걸고 타는 느낌이지만 그래도 어쩔 수가 없다. 버스는 아예 탈 수조차 없는 상황이고 집에만 있기도 어렵다.

철수 씨는 아버지의 이런 고충을 보고 민원을 제기했다. 승강장 간격이 너무 넓어 위험하니 조처해달라고 말이다. 그러나 민원 담당자는 이를 '누가'의 문제로 보지 않고 승강장 간격 즉 '무엇'의 문제로 보고 대충 접수만 해놓는다. 이렇게 되면 해결은 요원하다. 이렇게 장애인의 문제가 '누가'의 문제가 아니라 '무엇'의 문제로 귀결되면 쉽게 해결되지 않는다. 이것이 비단 장애인들만의 문제일까? 모든 사회적 약자의 문제이기도 할 것이다.

그러면 이번에는 사회 주요 인사가 문제를 제기한다고 가정해보자. 그렇다면 이것은 '무엇'의 문제가 아니다. '누가' 문제를 제기했느냐가 된다. 사회적 영향력이 큰 사람일수록 '누가'의 힘은 커진다. 그런 차원에서 사회적 소수자는 그저 이름 없는 개인일 뿐이다. 특히 장애인은 더 그렇다. 소리 없는 아우성. 그것이 바로 장애인 문제가 아닐까?

장애인 살피미

나는 오세훈 시장 이후 서울시의 장애인 정책이 장애 문제를 '무엇'의 문제로 보지 않고 '누가'의 문제로 생각하기 시작했다는 점에서 획기적이라고 평가한다.

어느 날 오 시장이 읽어보라며 편지를 내밀었다. 어느 장애인이 보내온 편지였다.

"오세훈 시장님 안녕하세요. 건강하시죠? 저는 *** 지체장애인 협회원 *** 요원입니다. 얼마 안 됐지만 아침에 출근을 하고 동료 중증 장애인들과 함께 일하고 있습니다. 시장님 감사합니다. 올해로 50세인 저는 컴퓨터가 익숙지 않아 펜으로 마음을 표현합니다.

어느 날부터 천천히 삶을 정리하고 있는 중에 지금은 제가 일을 다니고 있습니다. 조금 떨어진 곳에서 시장님께서 원하는 일을 하실 수 있도록 머리와 눈과 마음으로 버팀목이 되겠습니다. 아니 항상 응원하는 마음으로 지켜보겠습니다.

감사합니다."

바로 장애인 살피미로 일하고 있는 분이었다. 장애인 살피미는 작년 봄부터 서울시가 운영하고 있는 모니터링 단이다. 비장애인에게는 눈에 보이지 않는 1센티미터의 턱이 장애인들에게는 높은 벽처럼 느껴진다던 장애인의 하소연을 들으며 서울시가 시작한 제도다. 서울이 진정한 무장애 도시가 되기 위해서는 장애인의 시선에서 거리를 바라볼 수 있어야 한다는 역발상이라고 할까.

현재 각 구마다 장애인 열 명을 뽑아 '장애인 살피미'라는 이름으로 서울 곳곳을 다니며 모니터링 하도록 하고 있다. 이는 서울을 장애인이 행복한 도시로 바꾸어간다는 의미도 있지만 한편으로는 장애인의 일자리까지 창출하는 셈이어서 오 시장이 특히 애정을 많이 쏟고 있는 사업이다.

나는 서울시가 장애인 살피미 같은 제도를 시작했다는 것에 무척 고무됐다. 어떻게 그런 아이디어를 냈는지 궁금했는데 담당 부서장이 따뜻한 에피소드 한 토막을 들려주었다.

2008년 가을이었다. 오 시장이 시각장애인들과 함께 남산을 오를 기회가 있었다고 한다. 당시에도 남산 산책로는 나름대로 시각장애인을 위한 편의시설을 꽤 설치한 편이었다. 그런데 정작 시각장애인들과 걸으며 그는 깨달았다. 화장실 하나만 하더라도 간혹 나타나는 작은 웅덩이에 시각장애인들이 발을 헛딛곤 했던 것이다. 특히 건강에 좋다고 뒤로 걸으며 산책하는 사람들이 시각장애인들에게는 무기처럼 느껴진다는 말이 충격적이었다. 보통 사람들

은 피해 가지만 시각장애인들은 그러지 못하기 때문에 소스라치게 놀란다는 것이었다. 시각장애인이 아니라면 찾아낼 수 없는 불편함이 한두 가지가 아니었다.

결국 장애인들이 직접 살펴보고 느낀 점을 정책에 반영해 남산의 시각장애인 편의시설을 획기적으로 개선했다. 그 경험을 서울시 전체에 적용하기로 한 것이 장애인 살피미 제도인 것이다.

그동안 장애인을 위한 복지 정책들이 많이 펼쳐졌지만 이렇게 전면적으로 장애인 당사자의 시선으로 서울의 거리 곳곳을 살펴보는 시도는 처음이다. 장애인 복지에서 한 획을 긋는 사건이라고 해도 좋을 것이다. 이제 막 시작했으니 하루아침에 서울의 거리가 확 변하지는 않겠지만 서울시 거리를 비장애인이 아닌 장애인의 시각에서 바라보게 됐다는 점 자체에 큰 의미를 찾고 싶다. 우리 사회가 장애인 곁으로 다가가기 위해 애쓰는 것도 중요하지만 장애인들이 우리 곁으로 쉽게 다가올 수 있도록 만드는 것도 중요할 테니 말이다. 장애인이 편한 도시를 만드는 것은 결국 모두가 편한 도시를 만드는 것이다.

집중! 장애인 목소리

장애인 활동 보조인 예산과 관련해 이런 일이 있었다. 장애인 인권 단체에서 소위 '그림자 투쟁'이라는 이름으로 오 시장이 가는 곳마다 따라다녔다. 한 번은 어느 행사장에서 전동 휠체어를 탄 채 시장의 관용차에 돌진하려 시도하기도 했다. 시 관계자들이 아연실색했음은 물론이다.

오 시장은 행사장을 빠져나와 한참을 이동하다가 갑자기 말했다.

"차를 돌리세요. 저들의 요구사항을 들어봐야겠어요."

그리고 발길을 돌려 장애인 인권 단체 대표를 만났다. 오 시장은 그날 그들과 충분히 대화를 나눈 후 다음과 같이 지시했다.

"그들을 위해 시 차원에서 최대한 할 수 있는 일을 합시다."

그 후 오 시장은 장애인 체험 홈과 자립 주택 사업 등을 추진했다. 그 과정을 옆에서 지켜보면서 그가 예전에 내게 한 말을 떠올렸다.

"장애인들과 함께 히말라야 등반을 한 적이 있어요. 그때 겉모습을 떠나 인간 본연의 모습만으로도 얼마든지 속 깊은 이야기를 할 수 있단 걸 깨달았습니다."

그동안 장애인들은 스스로 말할 수 있는 위치에 있지 않았다. 그래서 장애인 스스로 말하게 하고 그것을 듣는다는 것은 상당히 중

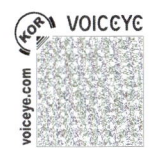

요한 의미가 있다. 사실 나는 장애인이 편리하게 사는 것도 중요하지만 인간답게 사는 것이 더 중요하다고 생각한다. 아니 인간이 다 그렇다.

그동안의 장애인 정책에는 정작 장애인이 빠져 있었다. 그러나 지금 서울시 정책에는 변화가 생겼고 이제야 진정한 장애인 복지가 시작되고 있다는 느낌이다.

홈 헬퍼가 구한 아기

최 씨는 시각장애인 부부로 막 아이를 낳은 산모였다. 최 씨의 산후조리를 돕던 김 씨는 아이의 눈이 이상하다는 점을 발견했다.

"검진을 서둘러 받는 게 좋겠어요."

김 씨는 서울시의 홈 헬퍼다. 홈 헬퍼란 여성 장애인의 결혼생활을 돕는 부부 상담 프로그램부터 임신한 여성 장애인을 위한 산전 검사나 전용 산모실 운영은 물론 출산 후에는 산후 조리를 포함해 자녀 양육 지원까지, 결혼ㆍ임신ㆍ출산을 단계적으로 지원하는 토털 서비스이다. 최 씨는 바로 그 홈 헬퍼의 도움을 받던 중이었다.

홈 헬퍼 김 씨가 부부에게 권유했지만 그들은 아기의 장애를 인정하고 싶지 않아 했다. 애써 현실을 부정하고 싶었던 것이다. 병원에 가지 않겠다는 그들을 김 씨는 계속 설득했다. 결국 그들은 아이를 병원에 데려갔다. 아이는 백내장이었다.

결국 1차 수술로 상태가 호전됐고 2차 수술도 무사히 마쳤다.

"도우미 이모가 아니었다면 우리 아이도 저처럼 앞을 못 보는 불행을 겪을 뻔했어요. 그 생각만 하면 아찔하고 하늘이 무너져 내리는 것 같아요."

최 씨는 감사의 눈물을 훔쳤다. 홈 헬퍼 김 씨는 그 이후로도 죽 아이를 돌봐주고 있다.

지난 2009년부터 홈 헬퍼 서비스를 받아 연년생으로 두 아이를 낳는 데 성공한 하지 마비 장애인 박 씨도 있다.

"신랑도 그렇고 저도 모두 장애인이라 아이를 낳는 것 자체가 두렵고 또 지체 장애인인 내가 어떻게 아이를 키울 수 있을까 싶어 아이에 대한 생각은 일찍부터 접었어요."

하지만 그녀는 홈 헬퍼 서비스로 아이를 연년생으로 둘씩이나 낳아 키우고 있다.

"지금도 마치 꿈을 꾸고 있는 것 같아요."

박 씨는 척추 손상으로 허리 아래로 하지 마비를 가진 1급 장애인이고 남편은 뇌병변 3급 장애를 가진 장애인 부부이다. 첫째를 낳은 뒤 갓난아이가 울고 있는데도 안아주지 못하는 슬픔에 아이를 낳은 기쁨도 잊고 살던 그녀는 둘째를 가지면서 서울시의 홈 헬

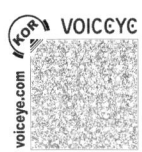

퍼 서비스를 신청했다. 홈 헬퍼는 첫째의 육아를 도와주는 한편 박씨와 함께 산부인과를 다니며 임신과 출산의 전 과정을 도왔다.

"첫째 때는 낳았다는 기쁨보다 제대로 키우지 못한다는 슬픔과 미안함이 더 컸어요. 그런데 홈 헬퍼가 아이를 돌보는 다양한 기술은 물론 아이들에게 사랑을 주는 방법들을 충분히 가르쳐주어서 이제야 진짜 엄마가 된 것 같아 뿌듯하고 감사해요."

그동안 여성 장애인들은 결혼에서 출산에 이르기까지 장애인이라는 이유로 많은 것을 포기할 것을 암암리에 강요받아왔다. 뿐만 아니라 임신과 출산 과정에서 발생하는 육체적 · 심리적 부담 때문에 당사자조차 선뜻 아이 가질 생각을 못했던 게 현실이었다.

실제로 이들이 결혼 · 임신 · 출산 과정에서 얼마나 많은 어려움을 겪는지는 2008년 한국보건사회연구원에서 조사한 결과가 말해주고 있다. 만 18세 이상~만 48세 이하의 결혼하지 않은 남녀 장애인 중 전체 응답자의 51.2퍼센트가 '장애나 건강으로 인해 결혼하지 않은 것'으로 조사됐다. 많은 장애인들이 장애 때문에 결혼을 유보하고 포기하는 등 행복한 가정을 꾸리지 못하는 것으로 나타난 것이다.

설사 그들이 어렵게 아이를 갖더라도 임신과 출산 과정은 더욱 험난하다. 임신을 경험한 여성 장애인 230명을 대상으로 한 출산

전후 산후조리 도우미에 대한 조사를 보면 대부분 친정 식구로부터 도움을 받았다. 하지만 전혀 도와주는 사람이 없다고 말한 경우도 11.8퍼센트나 됐다. 그나마 받은 산후조리조차 '부족했다'고 느끼는 경우가 39.4퍼센트에 달했다.

이런 가운데 서울시가 여성 장애인 홈 헬퍼 사업을 4개 권역 15개소 장애인복지관으로 확대해 여성의 결혼 생활부터 임신과 출산을 총체적으로 지원하고 여성 장애인의 모성 보호권 보장을 정책적으로 주도하고 있어 다행스럽고 또 자랑스럽다. 이것이야말로 무엇이 아닌 누구를 위한 정책일 것이다.

노후 걱정 없는 서울

사회의 밀알, 실버 세대를 위해

실버 세대는 저마다의 가치관대로 노년을 맞을 수밖에 없다. '소포클라테스는 아흔이 되는 나이에 최고 작품을 썼다구! 난 지금부터 제2의 인생을 살 테야.'라고 생각하는가 하면 '이제 내 인생도 저무는구나. 더 이상의 야망도 출세욕도 없으니 이제 편하게 살자.'라고 마음을 먹기도 한다.

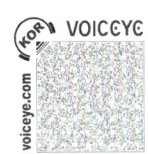

하지만 누구나 공감하는 것이 있다면 바로 나이가 들수록 시간이 점점 빨리 흐른다는 것이다. 영국 작가 헨리 오스틴 도브슨처럼 '시간은 머물러 있는 것, 흐르는 건 우리인 것을.'이라고 푸념할 수는 있어도 영국의 대문호 셰익스피어가 희곡『리처드 2세』에서 말한 것처럼 '지금까지는 내가 시간을 함부로 썼는데 이제 시간이 나를 함부로 대하네.' 하고 탄식할 수는 없는 노릇이다.

인생이란 언제나 개인에겐 전성기이다. 순간순간의 행복이 모여 한 사람의 삶의 질을 형성한다. 따라서 인간은 나이와 무관하게 언제라도 행복할 수 있어야 한다. 의학의 발달로 평균 수명이 길어진 지금은 개인 스스로도 나이 들어가는 것에 대한 준비를 튼튼히 해야 한다. 더불어 국가 또한 고령층에 대한 복지 정책을 탄탄히 갖추어 노년의 행복도 정책으로 보장해주어야 한다.

서울시 역시 고령층 시민 고객에 대한 정책을 빼놓지 않았다. '9988 어르신' 프로젝트가 그것이다. 99세까지 팔팔하게 살 수 있는 희망찬 서울시란 의미가 함축된 이름이다.

전 세계적으로 문화 콘텐츠를 지배하는 핵심 연령이 청년층에서 노년층으로 이동하고 있다. 이는 노인이 단순히 수적으로 늘었다는 것을 말하는 게 아니라 노인의 정치·경제·사회 영향력이 더욱 커졌다는 것을 의미한다. 평균 수명이 늘어나고 노년으로 살아가는 기간이 길어지면서 제2의 인생을 새롭게 개척하려는 노인들 역시 많아지고 있다. 따라서 향후 노인 복지 서비스에 대한 욕구는 지속적으로 늘어나고 내용도 다양해질 수밖에 없다. 서울은 이미 고령화 사회에 접어들었고 오 시장은 이 같은 다양한 요구들을 직시했는데 그것이 바로 9988 어르신 프로젝트이다.

99세까지 팔팔하게, 어르신 행복 타운

장수 비결은 남녀노소를 불문하고 가장 궁금한 점이 아닐까 싶다. 그 답은 사교적인 성격과 사회활동 그리고 규칙적인 식생활이다. 내 개인적인 생각이 아니다. 서울시가 작년 여름부터 겨울까지 6개월에 걸쳐 만 94세 이상의 초고령 어르신 87명을 대상으로 연구조사를 실시한 결과다. 내 경우를 생각해보니 어느 정도 지키며 살고 있는데 그 결과를 지켜봐야겠다.

9988 프로젝트는 장수를 부르는 노년을 만들어 준다는 복지 정책이다. 그 대표적인 것이 어르신 행복 타운이다.

어르신 행복 타운 프로젝트란 서울 동서남북 4개 권역에 여가 · 문화 · 체육 시설과 취업 알선 센터 및 전문 의료 센터 등을 갖춘 대규모 인프라를 구축하는 사업을 말한다. 동북권의 창동, 서남권의 목동, 동남권의 고덕동, 서북권의 녹번동 등이 논의되고 있다.

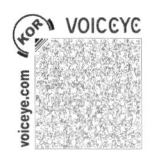

　일단 규모 면에서 기존의 동네 노인 복지시설과는 차원이 다르다. 부지 5,000평 규모, 연면적 2만 평 내외의 지역 거점 복합 복지 시설이다. 이곳에는 없는 게 없다. 기본적으로 각 행복 타운마다 체육관, 수영장, 헬스장, 탁구장, 당구장, 게이트볼장, 공연장, 다목적 전시실, 음악·비디오 감상실 등 수준 높은 여가를 즐길 수 있는 시설들이 들어선다. 건물 내에서 농작물을 직접 키울 수 있는 도심 농장, 전통 음식 체험실, IT 체험관, 노인 생애 체험관 등의 각종 체험 시설과 북 카페나 웰빙 카페 같은 테마 카페, 목욕탕, 이·미용실, 인터넷실 등의 편의 시설도 들어선다. 의료 건강 센터에서는 치매나 퇴행성 관절염 등 노인성 질환 치료와 함께 건강 상담, 건강 검진, 건강 교육, 의료 재활 서비스 등을 제공한다. 그리고 어르신들의 취업을 알선해줄 후생 복지센터도 마련된다. 또 데이케어 센터와 같은 보호 서비스 시설도 함께 마련해 치매나 중풍 등으로 고생하는 어르신들을 보호하게 된다.

　나는 어르신 행복 타운에 대한 발표를 보며 어디서 저런 놀라운 아이디어가 나왔을까 궁금했다. 사실 그동안 노인 복지라고 하면 저소득층에 대한 지원과 보호 중심이 다였다. 그런데 그 수혜 대상을 일반 어르신들로 확대해 그들 모두가 저렴한 비용으로 양질의 여가 생활을 즐길 수 있도록 한다는 것은 노인 복지 패러다임의 일대 전환이기 때문이다.

알고 보니 이 정책의 시작은 오 시장이 업무 협의 차 광주시에 들르면서 시작됐다고 한다. 그곳에서 그는 어르신들 사이에서 폭발적인 인기를 얻고 있는 '빛고을 건강 타운'이라는 노인 복지시설에 대한 이야기를 들었다. 5,000원 내외의 입장료만 내면 바둑, 침교실, 헬스장 등 어르신들이 즐길 수 있는 여러 시설들이 함께 모여 있는 곳이었다. 그래서 어르신들이 부담 없이 아침에 들어와 하루 종일 시간을 보내다가 저녁에 돌아갈 정도로 인기 코스가 됐다는 것이다.

당시 이야기를 듣던 오 시장의 눈이 반짝였다. 그리고 서울에도 이런 곳을 만들어서 노후를 즐겁게 보낼 수 있도록 해드리면 어떻겠느냐고 제안했다.

"사실 서울에서 다양한 문화생활을 한곳에서 즐길 만한 곳은 호텔 피트니스 클럽 정도밖에 없을 겁니다. 극소수 상류층만이 은퇴후 그 같은 노후를 즐길 수 있다는 얘깁니다. 중산층을 포함해 거의 대부분의 서울시민들은 그런 호사를 누릴 수가 없죠. 우리 시민 모두가 호텔 피트니스 클럽 회원들이나 즐길 법한 문화생활을 누리고 사는 길, 만들어낼 수 있을 것 같지 않아요?"

광주가 그에게 한 줄기 영감을 불어넣은 것이다. 그는 그 자리에

서 순간적으로 아이디어를 쏟아냈고 이후 복지 담당 부서장과 함께 구체적인 그림을 정리해갔다. 서울시를 권역별로 나누어서 어르신을 위한 복합 센터를 만들고 이곳에 문화, 체육, 여가 시설을 조성하자는 계획이었다.

그 결과 기존의 노인복지관과는 차원이 다른 어르신 행복 타운이 탄생했다. 젊은이들을 위한 테마 파크에 준하는 어르신들을 위한 테마 파크라고나 할까. 기존의 테마 파크와 다른 점이 있다면 5,000원 내외의 비용으로 어르신들이 하루 종일 이용할 수 있다는 점 정도다.

계획된 네 곳 중 우선 올해 안에 두 곳에 대한 설계를 완료하고 내년 초에 착공에 들어가 2013년에 완공할 예정이다. 나머지 두 곳도 2014년에는 이용할 수 있을 것으로 보인다니 기대된다.

민선 4기의 어르신 정책 대표 주자가 치매 어르신을 돌보는 서울형 데이케어센터였다면 민선 5기의 어르신 정책 대표 주자는 바로 이 어르신 행복 타운이 되지 않을까. 특히 시대의 변화에 따라 노인 복지의 수혜 대상을 다양한 계층의 어르신으로 확장한 보편적 복지의 전형으로 자리 잡지 않을까 기대한다. 또한 어르신 행복 타운에는 비단 어르신들만의 여가 문화 공간뿐 아니라 온 가족이 함께 즐길 수 있는 프로그램들이 다양하게 제공되기 때문에 완공과 함께 지역의 명소로 거듭날 것이라고 확신한다.

그나저나 이렇게 획기적인 정책이 그토록 우연한 계기에서 시작됐다는 것도 놀랍지만 무엇보다 놀라운 것은 때와 장소를 가리지 않고 영감을 받아 번뜩이는 아이디어를 내놓곤 하는 오 시장이다. 그런 재능은 타고난 것인지 아니면 노력으로 만들어낸 것인지 그 비결을 언제 한번 물어봐야겠다.

문화의 중심으로 우뚝 선 어르신

요즘 서울 곳곳에는 어르신들이 많이 가는 백화점, 어르신들이 많이 가는 커피숍, 어르신들이 많이 가는 체육관 등 '어르신들이 자주 모이는'의 수식어가 달린 공간이 많이 생겨나고 있다. 이는 고령화 사회가 되면서 어르신들이 문화의 가장 큰 소비자로 부상했을 뿐만 아니라 문화생활에 대한 욕구와 기대가 가장 활발한 계층으로 부상했다는 반증이다.

이에 부응하기 위해 서울시가 '실버문화벨트'를 만들었다. 어르신들이 다양한 문화활동을 즐길 수 있는 공간을 서울 곳곳에 마련하고 이를 통해 마음의 건강을 지킬 수 있도록 하자는 것이다. 장수에 관한 연구 결과에서도 보듯이 마음의 건강이 바로 장수의 핵심 비결이니 말이다.

그중 가장 인기 있는 것이 실버 영화관이다. 서울시가 허리우드 극장을 실버 영화관으로 만들어놓았다. 개관 후 1년간 6만 3,000명의 어르신이 관람했을 만큼 호응이 좋다. 57세 이상이면 누구나 2,000원에 영화 감상이 가능하다. 하루 3회 연중무휴 상영하고 있다. 영화 상영 외에도 마술 쇼나 LP판 음악 감상과 같은 특별 프로그램도 진행한다.

또 어르신들이 매달 무료 공연을 관람할 수 있는 '9988 어르신 행복 콘서트'도 열고 있다. 제값을 주고 보려면 수만 원이 넘는 공연들이지만 드레스 리허설 타임을 이용해 진행되기 때문에 60세 이상이면 선착순으로 무료 관람이 가능하다. 세종문화회관 대극장에서 공연된 창작 무용극 「바리」를 비롯해 남산 국악당에서 공연된 국악 공연 「원방각」 등 어르신들이 다양하게 문화를 즐길 수 있도록 여러 장르의 공연들을 선보이고 있다.

실버 북 카페도 마음 건강 챙기기에는 그만인 공간이다. 책, 차, 사람 이렇게 세 가지 아름다움이 어울리는 장소라는 뜻으로 '삼가연정三嘉連亭'이라는 이름을 붙여 작년 여름에 문을 열었다. 문을 연지 100일 만에 1만 명이 넘는 손님이 방문할 정도로 인기라고 한다. 어르신들의 문화 공간으로서 역할을 톡톡히 해내고 있지만 무엇보다 60세 이상 어르신 16분이 운영하고 있어서 어르신 일자리의 대안으로서도 좋은 모델이 되고 있다. 이곳에 가면 백발이 멋진 바리스타를 만날 수 있다.

최고의 노인 복지는 노인 일자리 창출

국가가 고령화 사회에 부응하려면 노년과 노년의 문화 콘텐츠에 대해 정확하게 이해하고 있어야 한다.

대부분 은퇴 후에 새로운 삶을 설계하고 싶어한다. 스스로 낡은 퇴물이라고 생각하지도 않을 뿐더러 실제로 그렇지도 않다. 그들의 숙련된 사회적 경험과 갈고 닦여진 인격은 사회의 중요한 자원이다.

마포재가 데이케어 센터에 만난 김 씨가 그런 경우였다. 김 씨는 올해로 예순넷이다. 김 씨는 지난 2002년 오랫동안 다니던 직장 생활을 접은 후 무척 무료함을 느꼈다고 한다.

"나이 들수록 시간이 빠르게 흘러간다고 하던데, 웬걸요? 집에 있는 시간이 내겐 너무 더디게 흐르더라구요."

안 되겠다 싶어 취미 생활이며 동창회 모임이며 각종 모임에 다녀보았으나 별다른 변화가 없었다. 그러던 차에 서울형 데이케어 센터 어르신 돌보미 모집 공고를 접하게 됐다.

"쉬면서 우울증이 생겼는지 늘 가슴이 체한 것처럼 답답했거든

요. 그런데 그 공고를 보자마자 울증이 싹 가시더라구요."

　그도 그럴 것이 그녀는 반평생을 간호조무사로 일해왔다. 최근에 쉬면서 요양 보호사 자격증까지 따놓은 터였다. 사실 뒤늦게 자격증을 따면서도 '앞으로 이걸 써먹을 수 있을까?' 하는 자조하는 마음도 있었다고 한다. 하지만 이렇게 다시 기회가 오지 않았는가.

　그녀는 당장 어르신 돌보미 모집에 신청했다. 물론 처음엔 쉽지 않았다. 어르신들 말동무, 이동 돕기, 식사 돕기, 관절 운동 돕기 등 치매 어르신들을 돌보는 게 보통 일이 아니었다. 어르신들 역시 낯선 그녀에게 쉬이 맘을 열어주지 않았다. 하지만 다시 일을 할 수 있게 됐다는 충만감은 그녀를 지탱시키는 힘이 돼주었다.

　"『콩쥐 팥쥐』『효녀 심청』『흥부와 놀부』『선녀와 나무꾼』 등 어르신들에게 전래동화를 읽어드리기 시작했어요."

　치매 어르신들이 조금씩 그녀에게 맘을 열기 시작한 것은 그때부터였다.

　"콩쥐가 착한 애 맞지? 앞으로 잘 살아야 하는데 말이야."

　"놀부 그놈은 여전히 나쁜 짓만 허는구면. 쯧쯧……."

　"울 할머니처럼 구수해. 또 읽어주구랴."

　치매 어르신들이라고 하루 24시간 내내 환자는 아니다. 맑은 정신으로 돌아올 때면 그녀가 읽어주는 책 내용에 이렇게 감응하기도 하는 것이다.

그 뒤부터 김씨는 '책 읽어주는 여자'라는 별명이 생겼다. 김 씨가 센터에 오기만을 오매불망 기다리는 어르신들이 하나둘씩 늘어가기 시작했다.

"아이구, 책 읽어주는 여자! 왜 이제 와 얼른 나 책 읽어줘."

그녀가 오자마자 손목을 붙잡고 옆에 앉히기 바쁜 분들이 한둘이 아니다.

"요즘처럼 하루가 짧게 느껴진 적이 없어요. 5시부터 10시까지 다섯 시간 동안 어르신들과 함께하다 보면 하루가 훌쩍 가버린답니다."

그녀는 책을 더 맛깔스레 읽어주기 위해 집에서 미리 책 읽는 연습까지 한다고 한다. 그녀가 마지막으로 한 말은 모두가 되새겨볼 만한 굉장히 의미 있는 말이었다. 그 말은 다음과 같다.

"노인 일자리가 제게 기회를 준 거 같아요. 마지막 여생까지 한 톨의 밀알로 살 것을 잊지 말라고요."

그렇다. 그들 세대가 바로 이 사회의 밀알인 것이다.

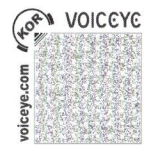

신新 노년 문화 담론을 창출할 것

우리나라에서 노년 문화에 대한 논의가 본격적으로 시작된 건 그리 오래되지 않았다. 불과 30여 년 전만 해도 평균 수명이 고작 60대 중반이었으니 말이다. 그리고 노년기가 짧은 데다가 그 생활 반경도 좁고 그들 스스로도 위축돼 있었기에 노인 문화는 사회적 이슈가 되지 못했다.

하지만 지금은 상황이 많이 달라졌다. 평균 수명이 80세로 늘어났고 심리적인 나이는 육체적 나이보다 열 살 이상 젊다. 은퇴 후 새로운 삶을 계획하는 실버 세대들이 대거 등장하면서 문화 콘텐츠를 지배하기 시작했다. 그들 덕분에 실버 문화가 생성되기 시작했다. 실버 문화는 대체로 한 세대의 관습, 생활 방식, 공유 가치관, 규범, 신념 등으로 정의되며 전반적인 생애 과정을 통해 형성된다.

이러한 실버 문화는 그들이 살아온 시간만큼 다양한 콘텐츠를 포함하고 있다. 가족, 친구, 사랑, 성, 여가, 은퇴, 건강, 일, 정보, 경제 및 소비, 죽음, 정치 등 그 외에도 셀 수 없이 많다. 이 모든 것들은 독립적으로 존재하기보다 서로 연계돼 실버 문화를 형성한다.

그렇다면 과거와 현재를 비교했을 때 우리나라에서 노인 문화란 어떤 모습일까. 과거 산업화 시대에는 노인 문화가 비주류에다 수

동적인 부분이 부각됐다. 그러나 다원성과 상대성을 강조하는 현대 사회에서는 교육과 경제 수준이 높은 이들이 스스로 사회를 이끌어가는 주체로 급부상하고 있다. 이제 실버 문화는 정보화 시대의 중심 코드가 돼가고 있다.

노인이라고 하면 예전에는 나이가 많은 사람을 일컬었다. 하지만 지금의 노인은 그런 뜻이 아니다. '노하우 인력'의 준말. 어떤이는 이것이 바로 노인의 신 개념이라 한다. 은빛 날개를 가진 노하우 인력. 이제 사회는 제도적으로 그들이 가진 노하우를 전수받기 위해 노력해야 한다.

"밥만 먹여주고 사랑하지 않으면 돼지와 사귀는 것이요. 사랑만하고 공경하지 않으면 짐승을 기르는 것이다."

일찍이 맹자가 한 말이다. 고령화 사회에서 실버 복지를 새롭게 정착시켜나가려면 반드시 염두에 두어야 할 대목이라고 생각한다.

가난하고 아프고 외로운 노인들을 대상으로 한 실버 정책을 이제는 건강하고 일할 수 있고 많이 배운 노인들에게까지 확대 적용하는 것. 이것이 서울 같은 대도시가 앞장서서 해야 할 일이다. 과거와 다른 현재의 신新 노인에 걸맞게 노인의 욕구를 분석하고 프로그램을 개발하고 네트워크를 형성해 총괄하고 조정하는 기능 등에 예산과 조직을 지원하는 정책이 필요할 때이다. 그런 점에서 서

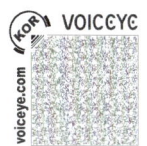

울시와 오 시장이 노인이란 용어부터 재정비하고 과거의 실버 복지를 넘어서는 새로운 시도를 하는 것은 참으로 바람직한 일이다.

모두가 일할 수 있어 행복한 도시

일자리가 최고의 복지다

어느 날 오 시장의 블로그에 들렀다가 가슴이 찡한 편지를 발견했다. 올해 첫 출근을 한 시민의 편지였는데 새해 첫날 받은 편지 덕에 가슴이 따뜻했다며 편지를 공개해두었다.

능력 있고 젊은 사람도 취직하기 어렵다는 요즘 과연 제가 취직을 할 수 있을지 자신도 없고 용기도 나지 않았습니다. 하지만 일하고자 하는 간절한 마음이 있었기에 자격증을 취득하고 업종 관련 강의를 듣는 등 나름대로 준비는 꾸준히 해왔지요. 그럼에도 불구하고 취업의 문턱은 참 높았습니다.

그러던 어느 날 광고를 통해 일자리 플러스 센터를 알게 됐고 직업 상담을 받게 됐습니다. 우선 저의 관심 분야가 무엇인지 저의 장점과 약점은 무엇인지 제대로 평가하는 일부터 시작했습니다. 그리고 이력서와 자기소개서를 쓰는 기술 등 저에게 많은 조언과 격려를 아끼지 않으시더라고요. 물론 상담을 받을 때는 저에 관한 냉정한 평가에 자존심이 상하기도 했습니다. 하지만 집에 돌아와 곰곰이 생각해보니 저 자신을 객관화시킬 수 있는 좋은 기회였습니다.

얼마 후 상담사 한 분이 한 회사에 저를 소개해주시며 면접에 필요한 기업 정보 등도 꼼꼼히 챙겨주셨습니다. 덕분에 면접에 성공할 수 있었습니다.

만일 저 혼자서 취업의 돌파구를 찾으려 발버둥 쳤다면 여전히 문턱에서 좌절이란 쓴 맛을 봐야 했을 겁니다. 하지만 일자리 플러스 센터의 도움을 받아 취업에 성공했고 1월 4일 드디어 첫 출근을 하게 됩니다. 정말 감사합니다.

주인공은 올해 서른아홉 살로 직장을 다니다 결혼과 육아로 일을 그만둔 10년차 주부였다. 그러다 극적으로 취업에 성공했는데 그것이 서울시가 마련한 일자리 플러스 센터 덕분이었다는 내용이다. 편지를 읽어 내려가며 그녀에게 가장 멋진 복지 정책은 바로 일자리 플러스 센터였겠다는 생각이 스쳤다.

일자리 플러스 센터는 2009년 1월 문을 열었다. 금융 위기로 실업자가 양산되던 그때 시정 역량을 일자리 창출에 집중하겠다는

오 시장의 의지에 따라 만든 곳이다. 24명의 상담사가 전문 상담과 취업 알선을 해주고 이후 사후 관리까지 1 대 1 맞춤 토털 서비스를 제공한다. 사실 생각지도 않게 직장을 잃고 나면 어디서부터 일을 구해야 할지 막막한 것이 보통이다. 그러다가 자칫 우리 사회의 최저소득층으로 떨어지기도 하는데 이를 막기 위한 적극적인 대책이라고 할 수 있다. 실업자뿐 아니라 경력이 단절돼 취업에 어려움을 겪는 주부에서 창업을 하고자 하는 청년들까지 남녀노소를 막론하고 일자리를 찾는 사람들이 모두 상담 대상인데 반향이 대단하다. 실지로 일자리 플러스 센터를 통해 일을 구한 서울시민이 1년 동안 7,300여 명이라고 하니 굉장한 성과다.

오 시장이 매우 자주 하는 말이 있다. 일자리 창출이 곧 최고의 복지라는 말이다. 실지로 그가 취임한 이후 73만 개가 넘는 일자리가 새로 만들어졌다. 이는 취임 전에 비해 2.5배나 늘어난 수치다. 지난 금융 위기 이후 정기적으로 일자리 창출 관련 회의를 직접 챙기고 있을 정도니 성과가 나오지 않을 수 없다.

올해 첫 간부 회의 주제도 일자리 창출 방안이었다. 그리고 얼마 전에는 서울시의 행사성 예산 등을 줄여 1,815억 원을 확보하고 이를 일자리 창출 사업에 재투입하겠다는 선언까지 했다. 이를 통해 상반기에만 15만 2,000개의 일자리를 창출하고 하반기까지 총

26만 개의 일자리를 제공하겠다는 포부다. 무엇보다도 금융 위기의 터널을 어느 정도 빠져나온 올해부터는 양질의 일자리 창출에 집중하겠다는 의지도 밝혔다.

아무쪼록 그가 생각하는 '최고의 복지' 일자리 창출 정책이 더욱 탄력을 받아서 편지를 보낸 주부처럼 희망찬 출근을 하는 사람이 더 많아졌으면 좋겠다.

창업으로 일자리 복지의 출구를 마련하다

2010년 초 청와대에서 대통령과 전국의 지방자치단체장들이 참석한 가운데 일자리 창출 방안에 대한 회의가 열렸다. 각 지자체가 시행하고 있는 소위 '잘나가는' 일자리 창출 정책을 뽑아 발표하고 전국의 지방자치단체장들과 공유하는 자리였다. 그 자리에서 오 시장은 서울시의 '청년 창업 1000프로젝트'라는 것을 보고했다.

이 프로젝트는 청년 실업 문제를 해결하고 양질의 일자리를 창출하기 위해 서울시가 2009년 7월 도입한 제도다.

서울시는 일자리 플러스 센터를 통해 청년 구직자들을 취업시키는 과정에서 일정한 한계를 발견했다. 바로 미스 매칭이 문제였다. 즉 청년 구직자는 IT나 사무직을 원하는 데 비해 중소기업은 주로 현장이나 영업직을 원하고 월급도 청년들은 월 210만 원은 돼야

한다는 입장이지만 중소기업은 165만 원 이상은 줄 수 없다는 입장이다. 현실이 이렇다 보니 대학생 10명 중 4명이 취업 대신 창업을 고려하고 있다는 점에 서울시는 주목하게 됐다. 즉 창업하고자 하는 청년층을 지원해 미스 매칭의 문제도 해결하고 양질의 일자리도 만들어내면 어떨까 하는 아이디어를 낸 것이다.

이를 위해 강남권과 강북권에 전국 최초로 청년 창업 센터를 만들고 입주자별 독립 전용 공간 제공, 책상이나 캐비닛과 같은 사무 집기 제공, 아이템 개발비 지원, 창업 관련 컨설팅 제공 등 각종 지원책을 마련했다. 목표는 예비 CEO 1,000명을 양병하겠다는 것이었는데 결과가 놀라웠다. 프로젝트 시작 8개월 만에 사업자 등록 438개 기업, 지적 재산권 등록 331개 기업, 매출 실적 108억 원 등의 기록을 이어갔다. 게다가 각 기업이 추가 고용까지 함으로써 1,000명을 지원해 1,706개의 일자리를 창출하는 효과를 냈다. 특히 뉴욕 현대미술관 MOMA와 계약한 디자이너가 나오고 삼성 앱스토어 개발자가 배출되는 등 매우 고무적인 소식도 이어지고 있다.

나는 서울시의 청년 창업 지원 제도를 꼼꼼하게 들여다보면서 이거야말로 지금의 경제난과 취업난을 풀어나갈 새로운 활로라는 확신이 들었다. 88만 원 세대로 불리며 최악의 청년 실업난을 겪고 있는 우리 청년들에게 서울시가 용기를 주고 든든한 힘이 돼줄 수 있다는 점이 매우 다행스럽다.

그날 청와대에서 오 시장의 보고가 있은 후 행안부에서 서울시의 청년 창업 프로젝트를 전국적으로 확산 장려하기로 했다는 기사를 보았다. 민선 4기 들어 중앙정부나 지방정부 그리고 외국에서 서울시의 정책을 벤치마킹한 사례가 30여 가지를 넘는다고 한다. 거기에 하나 더 보탠 셈이다. 모두가 함께 축하할 일이다.

양질의 일자리 해결사, 서울형 사회적 기업

일자리 정책에는 한 가지 딜레마가 있다. 공공이 제공하는 일자리는 대부분 공공근로와 같은 단순 일자리에 그치기 십상이라는 점이다. 경제 위기 때는 이것도 무척 큰 힘을 발휘하지만 생산적인 일자리 정책이라고 보기는 힘들다. 오 시장이 늘 강조한 것이 이 점이다. 청년들에게 창업을 지원해주기 시작한 것도 단순 일자리가 아닌 양질의 일자리를 만들어야 한다는 그의 주문에 따라 이루어진 정책이었다.

그런데 그는 한 발 더 나아가 2년 전 간부 회의에서 이런 지시를 내렸다.

"앞으로 양질의 일자리를 창출하는 기업의 대세는 사회적 기업

이 될 것입니다. 그러니 우리 서울시가 나서서 사회적 기업을 검토할 수 있는 방안을 검토해봅시다."

사회적 기업이란 기업은 기업인데 이익 추구보다 공익적 성격이 더 강한 기업을 말한다. 이를 통해 취업이 쉽지 않은 여성이나 고령자 등을 위해 일자리를 창출해주고 이윤 확대를 목표로 하기보다는 사회적으로 필요한 재화와 서비스를 제공한다.

오 시장은 자신의 블로그에 이렇게 적어놓았다.

"우리보다 사회적 기업의 역사가 깊은 미국에서 연간 1,000여 명의 일자리를 만들어내고 있는 대표적인 사회적 기업인 루비콘 사가 이런 말을 했습니다. '우리는 빵을 팔기 위해 고용하는 것이 아니라 고용하기 위해 빵을 판다.' 이는 사회적 기업의 역할이 무엇인지 단적으로 보여주는 말이기도 합니다. 즉 사회적 기업의 가장 큰 목적은 취업이 어려운 사람들에게 양질의 일자리를 제공하는 것입니다."

그러한 시장의 지시를 다듬어 서울시는 지난해 5월에 사회적 기업 육성에 관한 조례를 제정 공포했다. 그리고 지난해 말 가능성 있는 110개의 기업을 최종 선정해 올 초 서울형 사회적 기업 출범식을 가졌다. 서울시는 이들 각 기업에 최대 2년간 총 3억 원을 지원하고 임금, 컨설팅, 마케팅, 홍보 등 각종 운영에 대한 지원도 무료로 제공한다. 이들이 사회적 기업으로 뿌리를 확고히 내려 양질의 일자리를 창출하는 기업으로 성장할 수 있도록 기반을 닦아주기 위함이다.

선정된 기업들은 각양각색이다. 장애인과 고령자를 고용해 순수 국산 우리 쌀 100퍼센트 케이크나 쿠키를 만들어 파는 베이커리, 고학력 경력 단절 여성에게 안정적인 일자리를 제공하고 공교육의 활성화를 유도하는 방과 후 교실 강사 파견 사업단, 탈 성매매 여성들에게 일자리를 제공하고 사회 경험을 통해 자립 기반을 마련해주는 국수 전문점 등으로 말이다. 이와 같은 기업들이 서울시에 총 3,700여 개가 만들어졌다.

서울시는 향후 2012년까지 1,000개의 사회적 기업을 더 발굴해 지원하고 육성함으로써 총 2만 8,000여 개의 기업을 만들겠다는 목표를 세웠다.

"서울형이라는 이름은 아무데나 붙이지 않습니다."

오 시장이 언젠가 확고하게 한 말이 있다. 그만큼 자부심과 책임감을 가지고 임한다는 의지의 표현일 게다. 따라서 서울형 사회적 기업으로 선정된 기업들의 성과에 따라 사회적 기업 육성 목표는 앞으로 더 늘어날 수 있다.

사회적 기업이 한층 더 의미 있는 것은 이들이 종사하는 분야가

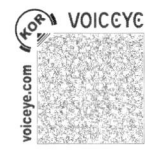

주로 사회 서비스 분야라는 점이다. 이윤이 아닌 공익적 성격을 더 많이 띠기 때문에 간병 서비스, 가사 지원 서비스, 보육 서비스 등 고령자와 여성의 사회 참여를 늘릴 수 있는 분야가 우세적이라는 특징을 지닌다.

사실 국민소득이 1.8만 달러 수준인 나라를 기준으로 했을 때 사회 서비스의 일자리 비중은 보통 20퍼센트 내외이다. 그런데 우리는 아직 사회 서비스 일자리 비중이 13퍼센트밖에 되지 않는다. 그런 만큼 사회적 기업을 통해 우리 서울시에 필요한 서비스를 공급하고 동시에 일자리까지 창출한다면 일석이조의 효과가 아닌가 싶다.

오 시장의 바람처럼 서울형 사회적 기업들이 모두 알토란 같은 기업으로 성장해 서울시민들의 일자리 고민을 덜어주는 효자가 되길 기원해본다.

자기 절제와 자기 관리가 만든 신뢰

오 시장이 복지재단의 행사에 등장할 때마다 시민 고객들의 반응이 뜨겁다. 그의 훤칠한 외모 자체가 사람을 끌어당기는 힘이 있는 까닭이다. 그보다 키도 작고 우락부락한 나는 언제나 그에게 모든 환호를 빼앗기고 만다. 어떤 때는 그에게 환호하는 팬들 때문에 행사 마무리가 안 될 정도다.

하지만 이러한 반응들이 단지 외모 때문만은 아닐 것이다. 그에게는 외모 이상의 오라가 있다. 그것은 바로 흐트러짐 없는 정갈함 같은 것이다.

그는 철인 삼종 경기를 즐길 정도로 스포츠 마니아다. 자전거로 출근하느라 경찰과 수행비서들이 곤욕을 치르던 때도 있었다. 그는 자신의 저서를 통해 다음과 같이 말했다.

"가파른 길을 오르다 보면 심장이 멎을 듯한 극한 상황에 다다를 때가 있다. 이때 대퇴부에 가해지는 무한대의 고통을 인내하며 페달을 감아 밟고 또 밟을 때의 쾌감은 경험하지 못한 사람에게는 설명할 수 없다. 극도의 고통에 수반되는 쾌감은 인간 한계의 순간을 스스로 이겨내고 있다는 승리감과 더불어 자신감을 갖게 해준다."

나는 지난 4년 동안 그가 피곤에 절어 흐트러져 있는 모습을 공사석

을 막론하고 본 적이 없다. 시청 간부들 사이에서는 보고 및 회의 시간에 그가 조는 모습을 본 사람이 단 한 명도 없다는 점이 회자될 정도다.

그래서 누군가 하루는 궁금함을 참지 못하고 물었단다.

"철인 삼종 경기를 완주하실 정도라서 그런가요, 피곤을 거의 못 느끼시나봐요. 점심 먹고 바로 1시간 넘게 회의를 하는데 어떻게 한 순간도 졸지를 않으십니까?"

그러자 오시장이 말했다.

"저라고 왜 피곤하지 않겠습니까? 그런데 저와의 회의 시간이 잡히면 직원들이 얼마나 긴장하고 밤새 준비해 오겠어요. 그런 직원들 앞에서 존다는 건 예의가 아니죠."

오 시장은 직원들 앞에서 보고를 받고 회의를 할 때마저 자신을 관리한다. 나도 오 시장의 자기 절제와 자기 관리를 배워야겠다.

기존의 복지 서비스 패러다임에서 보자면 디딤돌 사업은 새로운 접근이다.
디딤돌 사업은 시민이 직접 참여하는 복지 정책의 가능성을 보여준 것이다.
서울시 혼자 애쓰는 복지가 아니라 서울시민 모두와 함께 만들어가는 복지 서비스.
일찍이 시도된 적 없는 새로운 형태의 복지 정책인 만큼 그 성공이 더욱 반갑고 고맙다.

5장

도시의 품격을
높이는 참여 복지

반짝이는 아이디어로 세상 돌보기

내가 서울시 복지재단 대표로 임명된 건 지난 2006년 가을이었다. 그때 직원으로부터 한 보고를 받았다. 2005년에 민간단체를 대상으로 복지에 대한 아이디어 공모전을 열었다는 내용이었다.

"그거 참 참신하네요. 좋은 아이디어들이 많던가요?"

"대상으로 뽑힌 수작은 월계 복지관에서 낸 아름다운 이웃 디딤돌(이하 디딤돌)입니다."

"디딤돌? 그게 뭐죠?"

직원의 말에 의하면 디딤돌 사업은 각 개인이 가지고 있는 재능과 능력을 어려운 이웃에게 나누어주는 것이었다. 가령 중국집에서 돈으로 남을 돕는 건 힘들지만 자장면 몇 그릇은 손쉽게 기부할

수 있지 않은가. 또 미용실의 디자이너는 자신의 기술과 가위 하나로 독거노인의 머리를 다듬어줄 수 있다. 우리네 옛 선인들이 나눴던 공동체 생활에서 흔히 볼 수 있는 문화이다. 이 아이디어를 듣는데 눈이 번쩍 뜨였다.

'그래 바로 이거다!'

나는 무릎을 탁 치고 당장 서울시에 이 안건을 제안했다.

"디딤돌은 복지의 틈새를 메우는 나눔 공동체 사업입니다."

오 시장도 흔쾌히 수락했다.

"그거 참 좋네요! 복지가 이제 틀이 잡혀가는데요?"

"이거야말로 시장님이 늘 주장하시던 시민 고객 만족 서비스 아니겠습니까, 하하."

우리는 서로 흡족하게 웃었다. 그리고 서둘러 사업을 진행했다. 먼저 각 구와 동의 복지 기관들을 거점 기관으로 정하고 재단이 선정한 저소득 주민 이를테면 홀몸 노인, 소년소녀 가장, 저소득 주민 들에게 지역의 학원, 음식점, 미용실 등의 기부 기관을 연결해 주기로 했다. 기부 서비스는 쿠폰을 통해 이루어지고 참여 기관에는 디딤돌 스티커를 부착하기로 했다. 어찌 보면 우리네 정情 문화를 복지로 승화시킨 정책이라고도 할 수 있었다. 이렇게 탄생한 것이 '아름다운 이웃, 서울 디딤돌' 사업이다.

참여 복지의 대표 주자가 되다

일이 진행되자 거점 기관들은 일시에 각 구의 기부 기관을 찾으러 들뜬 마음으로 지역 순찰을 시작했다. 하지만 생소한 사업인 만큼 첫 술에 배부를 순 없었다. 사업의 참뜻을 잘 설명해주어도 우려를 먼저 표하는 사장들이 많았기 때문이다.

"만일 우리 음식을 먹고 탈이라도 나면 어떡합니까? 요즘 식중독도 유행인데 괜히 걱정이 앞서네요."

"글쎄요. 워낙 생소한 일이라 좀 부담이 되네요."

대부분 우려 섞인 말로 거절을 했다고 한다. 하지만 우리는 포기하지 않았다. 기부 기관들과 시민들을 연결해서 생겨난 미담을 담은 책자를 발간해 거절한 상점들을 다시 방문해 보여주기 시작했다.

"옆집 미용실에서 서비스를 받으신 분이 쓴 글이에요. 좀 보세요."

"……."

"혼자 사시는 할머니인데 그동안 머리 잘라주실 분이 없어서 여간 불편하신 게 아니었나 봐요. 앞으로는 저희가 드리는 쿠폰으로 이 미용실에서 정기적으로 머리단장을 하시기로 했어요."

"그런 일이라면 저도 할 수 있겠네요."

그들은 기부가 몸에 배지 않은 터라 조금씩 뜸을 들이기도 하고 쑥스러워하기도 했지만 처음처럼 거부하진 않았다. 이제 사업은 성공적으로 진행되고 있다. 지난해 조사한 바로는 거점 기관이 201개소에 기부 업체는 2,329개소에 이르고 기부 내역을 환산하면 약 12억 원에 달한다. 대성공이다.

나는 소식을 전해듣고는 기뻐 소리를 질렀다.

"야호!"

이 환호는 비단 이 사업 하나의 성공 때문만은 아니었다. '아름다운 이웃, 서울 디딤돌'을 통해 '자립 복지' '보편적 복지'와 함께 서울형 그물망 복지의 또 하나의 핵심인 '참여 복지'의 모델이 성공적으로 완성됐기 때문이다.

사실 기존의 복지 서비스 패러다임에서 보자면 디딤돌 사업은 새로운 접근이다. 알다시피 전통적인 복지는 중앙정부나 정부 예산으로 서비스를 제공한다. 하지만 언제나 필요로 하는 대상에 비해 예산은 늘 부족하고 공급도 부족하다. 이를 해결하는 것이 늘 서울시의 고민이었는데 디딤돌 사업은 시민이 직접 참여하는 복지 정책의 가능성을 보여준 것이다. 서울시 혼자 애쓰는 복지가 아니라 서울시민 모두와 함께 만들어가는 복지 서비스. 일찍이 시도된 적 없는 새로운 형태의 복지 정책인 만큼 그 성공이 더욱 반갑고 고맙다.

나는 디딤돌 사업 현장의 소리를 듣기 위해 옷가지를 챙겨들었다. 사람 냄새 풀풀 나는 현장의 목소리를 들으려니 휘파람이 절로 났다. 가만히 앉아 있는 집무보단 역시 돌아다니는 게 체질에 맞나 보다. 달리는 차창 밖의 바람이 콧속을 향기롭게 자극했다.

넉넉하지 않아도 나눌 수 있는 기쁨

서울 시립대학교 종합사회복지관에서 있었던 일이다. 아침 햇살이 유난히도 찬란한 어느 봄날이었다고 한다. 복지관 식구들은 말은 하지 않아도 '오늘은 뭔가 좋을 일이 생길 것 같은 날이야.'란 예감에 사로잡혀 있었다.

그리고 그날 오후 걸려온 전화 한 통.

"따르릉~."

"저, 저는…… 작은 고깃집을 하는 사람인데 저 같은 사람도 뭘 도울 수 있을까요?"

오랜 망설임 끝에 수화기를 든 게 역력한 조심스러운 여자 목소리였다.

"물론이죠. 너무 감사합니다. 저희가 당장 찾아뵐게요."

복지관 선생님은 수화기를 내려놓고 목소리의 주인공이 알려준

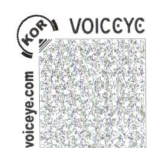

예닮숯불생고기마을로 달려갔다.

전화를 건 분은 이곳의 사장님. 사장님은 자신이 누군가를 돕고 싶은 이유가 자신 또한 어려운 시기에 지역사회의 도움을 받은 적이 있어서라고 밝혔다.

"저희 집은 모자가정이고 저는 아들 둘을 키우고 있는 생계형 가장이에요. 어려운 시절에 저 역시 많은 도움을 받았어요. 저도 주민들께 외식 지원 서비스를 해드리고 싶어요."

어느 가족과 여사장님을 연계해줄까 고민하던 복지관 선생님은 고민 끝에 인근에 있는 영구임대 아파트 게시판에 '사연을 신청하세요'라는 제목으로 공고문을 붙였다. '행복한 사연, 마음 아픈 사연, 함께 하고픈 사연이 있는 가족께 외식 지원 서비스를 해드립니다'라는 문구와 함께.

며칠 후 공고문을 본 한 여성이 복지관으로 전화를 걸어왔다. 그 역시 여성 가장이었다. 6년 전 암으로 남편을 잃고 세 자녀를 혼자서 키우고 있는 꽃님(가명)이네 엄마였다. 꽃님이 엄마는 어려운 환경이지만 복지관에서 진행하는 자활 사업을 통해 꿋꿋하게 살고 있었다. 거점 기관인 예닮숯불생고기마을 사장님 사연과 비슷한 부분이 많아 큰 도움이 될 것이라는 판단 하에 두 분을 서로 연계했다.

"감사합니다. 남편을 잃은 후 아이들과 한 첫 외식이었어요."

첫 외식 서비스가 이루어진 날 꽃님이 엄마는 눈물을 글썽이며 복지 기관에 짧은 메시지를 전달했다.

"꽃님이의 친이모처럼 앞으로도 계속 관계를 유지하고 싶어요."

고깃집 사장님의 목소리에서는 작지만 자기 것을 이웃과 나눴다는 보람과 기쁨이 묻어나고 있었다.

넉넉한 형편이 아닐지라도 마음만 내면 얼마든지 이웃과 내 것을 나눌 수 있는 것 그것이 바로 디딤돌 사업이다.

때를 밀어주는 후원도 받습니다

"이런 것도 도움이 되나요?"

복지관에 전화해 자신의 직업을 밝히며 이렇게 묻는 분들이 참 많다고 한다. 대답은 물론 "당연히 됩니다."

평범한 사람이 한 달 동안 돈을 지불하고 받는 서비스를 생각해 보자. 얼마나 다양한가. 미에 관심이 있는 여성이라면 미용실에 들러 머리를 하고 피부 관리 숍에서 피부 관리를 받고 때로는 네일 케어 숍에서 손톱 손질까지 받는다. 그리고 옷가게에 가서 새 옷을 사 입는다. 만일 이 여성에게 디딤돌이 서비스를 해줘야 한다면 피부 관리 숍, 네일 케어 숍, 옷가게 등등이 후원 업체로 나서줘야 한

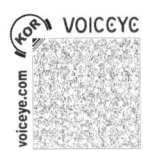

다. 그만큼 인간의 욕구는 다양하고 세밀하다는 뜻이다.

홍은종합사회복지관에 소속된 정 씨 할머니는 나이가 들어 관절이나 근육이 약해져 바깥 외출을 통 하질 못한다. 실내에서 짤막하게 움직이는 것도 여간 힘든 일이 아니다. 그러다 보니 몸 한 번 개운하게 씻자고 해도 불편한 게 이만저만이 아니다. 게다가 머리는 왜 그렇게 빨리 자라는지 머리 손질하는 데도 여간 애를 먹는 게 아니다.

그래서 정 씨 할머니에게 복지관이 소개한 이들은 일명 '때밀이가 떴다' 팀. 이들은 할머니가 간단하게 외출 차림으로만 갈아입으면 할머니를 직접 모시고 목욕탕으로 향한다. 그리고 할머니의 몸 전체를 구석구석 깨끗하고 정성스럽게 닦아드린다.

할머니는 처음에는 누군가 자기 몸에 손을 댄다는 사실이 어색하고 부끄러웠지만 지금은 전혀 달라졌다고 한다.

"그래, 거기, 거기. 아이고, 시원해라!"

이제는 어디가 가려운지 콕 집어 말씀하시는 통에 때밀이가 떴다 팀은 더욱 분주하게 때수건을 놀려야 한단다. 할머니 몸이 개운해지면 그들은 다시 할머니를 모시고 주정남 헤어컨트리로 안내한다. 미용실에서도 그들의 부축으로 할머니는 편하게 움직인다.

"오셨어요? 할머니, 먼저 해드릴게요."

원장님은 다른 손님을 제치고 먼저 할머니를 자리에 앉힌다.

"먼저 하셔야죠."

다른 손님들도 흔쾌히 자리를 양보한다. 머리가 정성껏 다듬어지는 동안 음료수 한 잔도 잊지 않는다. 거기에 하나 더.

"할머님 오늘은 무슨 색으로 해드릴까요?"

원장님이 손에 든 건 색색의 형광 매니큐어.

"으이그, 내 나이에 망측해라."

할머니는 말은 그렇게 하면서도 은근히 핑크색 매니큐어에 눈빛을 고정시킨다. 원장님은 빙그레 웃으며 할머니 손가락 하나하나에 정성스레 고운 핑크색을 바르기 시작한다. 어느덧 다 발라지자 할머니 입이 귀에 걸린다.

"20년은 젊어진 것 같아. 고마우이."

거동이 불편한 정 씨 할머니를 위해 직접 목욕탕에서 등을 밀어주는 서비스팀 이야기는 홍은종합사회복지관을 통해 들을 수 있었다. 흔히 "그런 것까지 해?"에 해당하는 서비스지만 할머니에게는 꼭 필요한 서비스이다. 혼자 사시는 할머니에게 꼭 필요한 머리 손질도 빼놓을 수 없다. 게다가 할머니도 고운 걸 보면 갖고 싶은 천생 여자 아닌가. 매니큐어까지 발라주는 원장의 센스가 그저 고마울 뿐이다.

날씨가 화창해지면 긴 머리를 산뜻하게 잘라보고 싶고 가벼운 봄옷도 걸치고 싶다. 그런가 하면 스트레스가 쌓일 땐 노래방에서 신나게 노래 한 판 불러보고 싶다. 이러한 것들이 인간이 가진 사사롭지만 결코 무시할 수 없는 다양한 욕구들이다. 당장 나에게 필요한 게 미용실에 가고 노래방에 가는 일인데 그걸 누군가 알아차려 해결해준다면 얼마나 행복할까. 디딤돌은 정부 차원보다는 시민들이 직접 동참해주어야만 빛이 나고 가능한 일이다. 시민들의 참여 그것이 참여 복지의 가장 큰 힘이다.

우리 모두의 동행을 위해

시민의 참여로 이루어지는 복지 중에 내가 참 이쁘게 생각하는 정책이 있다. 서울시 교육 담당 부서에서 추진하는 '동행' 프로젝트다. 동행은 '동생의 행복' 줄임말이다. 글자 그대로 초·중·고등학교 동생들의 행복을 위해 대학생인 형, 누나, 오빠, 언니들이 펼치는 일종의 무료 과외 봉사활동이다. 그러니 교육 복지이면서 또한 일반 시민이 참여하므로 참여 복지다.

이 과외에는 좀 특별한 점이 있다. 영어와 수학뿐만 아니라 대학생들이 자신의 전공이나 특기를 살린다는 점이다. 예체능, 컴퓨터, 음악 등을 가르치기도 하고 도서관, 공부방, 보육 교실 등 초·

중·고 학생들의 교내외 모든 교육 활동에 참여해 동생들을 돕고 있다. 물론 형편이 어려워 자녀에게 사교육을 시키지 못하는 가정이나 맞벌이 때문에 방과 후 아이들을 맡길 곳이 마땅치 않은 가정을 위한 일종의 복지 서비스다.

2009년 3월에 시작했는데 초·중·고 동생들은 미술·음악·체육 등 특기 교육을 비롯해 못하는 과목의 보충 학습까지 할 수 있어 좋고, 대학생들은 나누는 기쁨뿐만 아니라 한 학기에 40시간 봉사활동 시간을 학점으로 챙길 수 있어 좋다.

반응이 뜨겁다. 작년 한 해만 대학생 5,666명이 참여했고 혜택 받은 동생들은 4만 5,000여 명에 달한다. 그리고 올해 1학기 지원자가 벌써 6,000여 명에 이른다고 한다. 요즘 서울의 대학생 사이에서 '40시간 동행' 자원봉사가 인기라고 하니 정말 고맙기 그지없다. 특히 일찍이 시도된 적 없는 새로운 형태의 복지 정책이라 특별히 관심이 갔는데 건강한 학생들 덕분에 자리를 잘 잡아가고 있어 뿌듯하다.

이토록 열심인 학생들의 마음이 궁금했는데 동행을 마친 학생들이 보내온 편지 속에 답이 있었다. 이구동성으로 동행 프로젝트를 통해 오히려 자신이 더 많이 배웠고 봉사활동이 끝날 때쯤엔 보람과 함께 한층 성숙된 자세로 미래를 설계하게 됐다고 고백했다. 실

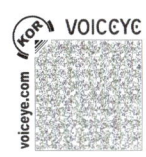

제로 참여 학생을 대상으로 설문조사를 했더니 82퍼센트가 봉사 활동에 만족했고 81퍼센트는 앞으로도 계속 동행에 참여하겠다는 의지를 밝혔다. 수혜자만큼이나 복지를 베푸는 시민의 만족감이 크다는 것이 참여 복지의 특징이기도 하다.

대학생 형과 언니들에게 받은 가르침과 배려는 어린 학생들을 보다 긍정적이고 밝게 만들어줄 것이다. 또한 동행 프로젝트에 참가했던 청년들은 대학생 때부터 동생들에게 나눔과 봉사를 실천한 만큼 사회에서도 더욱 성숙하고 책임감 있는 어른으로 성장하게 될 것이다. 시작은 동생 행복 프로젝트였지만 동행은 결국 형 누나들도 행복해지고 나아가 우리 사회 모두가 행복해지는 '희망의 나비효과' 프로젝트가 아닐까.

참여 복지와 서울의 품격

"서울형 그물망 복지는 자립 복지, 보편 복지, 참여 복지로 구성됩니다."

언젠가 오 시장은 어느 특강에서 서울형 그물망 복지에 대해 이렇게 설명했다.

그가 얘기하는 자립 복지는 정신적 자립과 자산 형성을 위한 경제적 자립을 아우른다. 즉 희망플러스통장과 같이 저소득층 대상자가 스스로 역량을 강화해 경제적인 자립을 할 수 있도록 도와주는 복지를 말한다.

두 번째 보편 복지는 저소득층에 대한 지원, 아동을 위한 선투자, 중산층 노인들의 새로운 욕구에 대한 충족, 여성 시민의 안전과 편의성에 염두를 둔 범시민적인 복지를 말한다. 또한 주택 · 보육 · 교육 · 건강 그리고 문화에 이르기까지 보다 다양한 분야를 관통하는 복지를 일컫는다. 예전에는 복지라고 하면 4대 보험이 전부였지만 최근에는 위와 같은 사회 서비스들을 누구에게나 필요한 경우에 공급해주는 것을 말한다.

마지막 참여 복지는 아름다운 이웃 서울 디딤돌 사업처럼 정부뿐 아니라 지역, 민간, 시민 들이 참여해 새로운 참여 복지 공동체를 형성하는 것을 뜻한다.

서울형 그물망 복지는 그동안의 복지 정책에 새로운 패러다임을 가져왔다. 서울시민 어느 누구도 욕구에 대한 불충분함 없이 질적으로 충만한 생활을 하도록 서울시가 제도로써 뒷받침해주는 것이다. 그중에서도 디딤돌 같은 참여 복지는 서비스 제공자나 수급자 모두에게서 만족도가 높다. 지역사회 나눔 공동체 속에서 이웃들이 서로 상생하는 다감한 모습이 아닐 수 없다.

알다시피 정부의 복지 급여와 복지 서비스는 우리가 낸 세금으

로 이루어진다. 즉 세금이 정부와 공공기관을 거쳐 이웃으로 가는 형태가 공적 복지 시스템이다. 그에 비해 디딤돌 사업은 정부와 공공기관이라는 중간 단계를 생략하고 개인의 재산 및 재능이 곧장 이웃에게 전달되는 시스템이다. 정부의 복지 급여와 이웃 간의 나눔은 각기 다른 서비스가 아니라 총량 자원에서 보면 동일한 서비스이다. 정부와 이웃이 결국은 동일하게 나누고 받는 것이다.

진정한 복지는 이처럼 다각적으로 접근해 물 샐 틈 없이 촘촘한 복지 망을 형성하는 것이다. 무엇보다도 시민 참여를 유도해 나누고 베푸는 문화를 자연스레 확산할 수 있다면 곧 도시의 품격을 높이는 것으로 연결될 것이다.

네덜란드나 프랑스 및 스웨덴은 사회적 요구에 대한 책임이 전적으로 정부에 있다고 생각하고 있어 민간 기부가 낮은 편이다. 반면 미국이나 영국 등은 민간단체들이 앞장서서 사회적 요구에 응함으로써 중요한 역할을 담당하고 있다. 민간단체가 나서든 정부가 나서든 중요한 것은 모두 중심에는 '사람'이 있다.

'인간의 운명은 정해졌으나 바꿀 수도 있다.' 이것은 동양철학의 고서인 주역의 전제 조건이다. 정해진 운명을 바꿀 수 있는 통로는 세 가지가 있다고 했다. 첫째는 착한 일을 많이 해 선을 쌓는 것이다. 둘째는 명상 혹은 기도로써 자신을 정갈하게 하는 것이다. 셋

째는 독서를 통해 참 지혜를 밝히는 것이다.

서울의 참여 복지에 동참하는 서울시민들께 해주고 싶은 말이었다. 정말 고맙고 또 고맙다고 말이다.

참여 복지의 힘

올해 3월 희망플러스통장 가입자들을 대상으로 '금융 교육'이 개최됐다. 합리적인 소비생활, 저축과 투자, 신용과 부채 관리 방법을 전수해주는 교육이었다. 그런데 참여자들이 단순히 열심히 저축해 목돈을 모아 자립하도록 독려하는 데서 끝나지 않고 그 돈을 어떻게 관리하고 소비해야 하는지에 대한 노하우를 알려주기 위해 마련된 시간이었다.

이는 일종의 '2차 복지' 프로그램이라고 할 수 있다. 서울시의 복지 혜택을 한 가지라도 받은 사람은 끝까지 관리해서 반드시 자립과 자활이 가능하도록 만들겠다는 의지의 표현이기도 하다.

그 행사에 참여한 오 시장이 참가자들 앞에서 입을 열었다.

"여러분 모두 하루 벌어 하루 사는 것도 버거운 분들이라는 점 잘 알고 있습니다. 그래서 지금 매달 저축을 이어가는 것이 매우 힘드실 겁니다. 포기해버릴까 유혹도 느끼실 겁니다. 하지만 이것을 기억해주세요. 여러분은 결코 혼자가 아닙니다. 여러분이 납입한 만큼 서울시가 도와 드리는 돈은 시민 세금과 기업 후원에서 나옵니다. 즉 천만 시민 모두가 여러분이 지금의 어려움을 딛고 일어서기를 간절하게 바라고 있다는 얘기입니다. 여러분이 끝까지 완주하고 성공해야 이런 혜택을 받는 사람이 더욱 늘어납니다. 여러분이 열심히 참여하셔야 서울의 희망플러스통장이 대한민국의 희망플러스통장으로 발전합니다. 그런 책임감을 가지고 끝까지 목표한 액수를 저축해주세요. 꼭 끝까지 완주해서 원하시는 자립에 성공하시길 바랍니다."

사실 처음 행사장에 참석한 이들 중에는 서울시에서 꼭 교육에 참석을 하라고 하니 의무감으로 와 있는 사람들도 없지 않았다. 하지만 오 시장이 말을 꺼낸 이후 분위기가 싹 달라졌다. 당신들이 자립하기 위해 쏟는 땀과 눈물을 천만 시민이 응원하고 있다는 오 시장의 말이 현장에 참석한 수혜자들의 가슴을 울렸기 때문이리라. 얼굴도 모르는 시민 누군가가 나를 위해 마음을 써주고 있다는 사실에는 우리 모두 공감하는 '감동'이 있기 때문이다. 바로 그것이 참여 복지의 힘이 아닐까.

6장

오세훈의
복지 리더십

창의적 발상의 결과물, 그물망 복지

현대 사회가 요구하는 복지는 단순히 사회 부조나 불이익에 대한 보상만을 언급하지는 않는다. 지금은 복지에 대한 폭넓은 이해와 역량을 갖춘 복지 리더십이 필요하다.

사회복지의 이론에 맞춰 현재의 복지 정책을 분석하는 일은 우리의 복지 문화가 어느 수준에 있고 앞으로 어떻게 나아가야 할지 방향을 정하는 데 중요한 역할을 한다.

사회복지의 이론적 틀을 보면 전통적으로 가장 왼쪽에는 마르크스주의가 있다. 가장 오른쪽에는 하이에크와 밀턴 프리드먼 유의 자유주의가 있다. 그리고 중간 왼쪽에는 유럽의 사회민주주의가, 중간 오른쪽에는 케인스 유의 수정자본주의가 위치하고 있다.

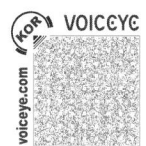

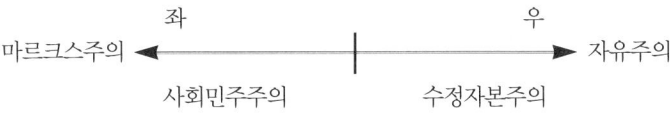

사회복지 모델 스펙트럼

대부분의 복지 정책들은 이러한 이론적 모델에 근거해 만들어졌다. 그러나 그동안 우리나라에는 복지 프로그램이 많지 않았다. 서울시도 예외는 아니었다. 오세훈 시장 취임 전에는 이렇다 할 독자적인 복지 사업도 별로 없었다. 하지만 지금껏 소개한 것처럼 최근 서울시는 복지 예산을 증액해 눈에 띄게 많은 복지 프로그램을 개발했고 소기의 성과도 달성했다.

이제 앞에서 소개한 복지 정책들을 이론적 틀 속에 넣고 평가해보자.

우선 희망의 인문학은 노숙인 등에게 자존감과 독립심을 키워주기 위해 만든 프로그램이다. 따라서 외형으로는 시장과 다소 거리가 있어 보인다. 플라톤이 『국가』에서 시인을 추방한 이래 살아 있는 인문학은 소위 우파들에게 별 쓸모없는 것으로 치부됐기 때문이다.

특히 인문학은 가난한 사람들로 하여금 논쟁을 좋아하도록 부추겨 국가 통치를 어렵고 불건전하게 만든다며 터부시하기도 했다.

그래서 희망의 인문학은 중간 왼쪽 즉 사회민주주의 쪽에 위치한다고 볼 수 있다.

희망플러스통장 사업은 어떨까? 이 사업은 일부는 민간 자원을 끌어들이고 일부는 시 재정을 충당해 시민 고객 스스로 참여하게 한다는 점에서 중간 좌우에 해당한다. 방향은 탈 빈곤은 물론 시민 고객의 빈곤 예방에 대한 역량을 키워준다는 점에서 '위'를 향한 진보적이고 진취적인 시스템이라고 볼 수 있다.

디딤돌 사업은 서울시와 서울시 복지 재단이 매개가 돼 민간 자원을 체계적으로 이끌어내 복지의 사각지대를 해결한다는 점에서 중간 오른쪽 즉 자유주의 쪽에 놓을 수 있다.

9988 프로젝트는 일자리 창출과 신 노인에 대한 새로운 관심 등으로 볼 때 중간 좌우에 위치한다.

여행 프로젝트와 행복한 장애인 프로젝트는 행복 추구를 위한 환경 개선과 주거 전환 등을 담고 있다. 예산 투여는 중간쯤에 위치한다. 모든 시민들의 편리성을 향상시켜 도시의 품격을 올리는 쪽과 관련이 깊다.

서울형 어린이집은 여성들의 경제 활동 참여와 출산율 향상 등을 목적으로 한 복지 정책이므로 도표의 중간쯤에 위치한다고 볼 수 있다. 희망플러스통장과 함께 미래를 위한 투자 성격이 강한 프

로그램이다. 그런데 이러한 방식이 주로 사회민주주의적 정책을 시행하는 유럽에서 활성화됐다는 점을 감안하면 중간 왼쪽에 위치할 수도 있다.

그리고 오 시장의 민선 4기 동안 서울시의 자원 봉사자 수가 대폭 늘었다. 이는 중간 우측에 놓을 수 있다.

지금까지 내용을 표로 정리해보면 다음과 같다.

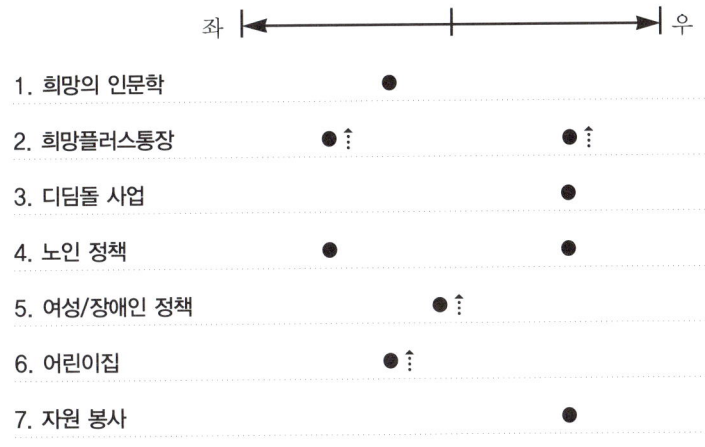

서울시 복지 프로그램

즉 오 시장이 추구하는 씨줄 날줄로 촘촘한 그물망 복지는 단순히 좌와 우의 척도로만은 설명이 안 되는 그 이상의 것이 있다. 자원봉사와 민간 자원의 참여를 적극 유도하는가 하면 가난의 대물림 방지에도 과감히 투자한다. 전통적 시각으로 볼 때 시장 자유주의를 포기하지 않으면서도 정부의 개입을 강화하는 융통성을 발휘하고 있다.

"복지는 사회 투자입니다."

올해 신년사에서 오 시장은 이렇게 말했다. 오 시장은 사회개발적 성격이 강한 인물이다. 사회개발이란 사회정책을 경제개발과 연계함으로써 인간 복지를 증진하는 것을 말한다. 사회개발이 가진 가장 큰 함의는 경제 중심 정책과 경제 정책의 균형 발전을 도모할 수 있다는 가능성이다. 물론 사회개발이 새로운 접근은 아니다. 역사적으로 사회개발은 사회주의사상에 입각해 제3세계 개발도상국가들을 개발할 때 많이 사용하는 접근법이다. 하지만 미국 버클리 대학교의 제임스 미즐리 교수는 다음과 같이 말했다.

"공공복지 정책 패러다임의 변화와 사회개발이야말로 국가적 갈등 구조를 해결하는 실질적인 접근 전략이다."

또 그는 사회개발이란 사회복지를 촉진하기 위해 경제개발을 추진하면서 아울러 사회 변화도 모색하는 '종합적인 과정'이라고 정의 내렸다.

최근 영국의 앤서니 기든스는 책임국가Ensuring State라는 개념을

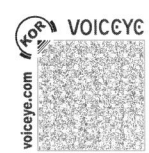

도입했다. 국가와 지방정부가 환경 등의 문제에 적극 개입하여 능동적인 역할을 해야 한다는 것이다. 희망플러스통장이나 디딤돌 프로그램을 위해서 동분서주하는 오 시장은 어쩌면 그가 말하는 책임정부론자 같기도 하다.

오 시장 이전의 서울시는 그동안 늘 해오던 복지 프로그램들을 연장해서 시행해온 측면이 강하다. 그러나 오 시장 취임 후 서울시에는 많은 변화와 발전이 있었다. 서울시가 국제도시로 성장하고 존경받는 도시가 되려면 문화 발전과 더불어 개인 삶의 질적인 변화도 중요하다고 판단한 것이다. 그리고 이를 적극적으로 실현해냈다.

오 시장은 사회 발전을 이루기 위해서는 문화가 성숙돼야 하고 문화의 성숙은 곧 복지 향상과도 맥을 같이한다는 '창의적 발상'으로 정책을 추진한 것이다. 이념을 뛰어넘는 창의적이고 실용적인 사고로 미래 서울과 미래 시민을 위한 투자까지 아우르는 오세훈의 복지 리더십. 나는 그를 이제 이렇게 부르고 싶다. '창의적 투자 복지주의가'라고 말이다.

오세훈 형 리더십 모델

오 시장의 리더십을 정형화된 틀 속에서 분석해보면 재미있을 것 같다. 여러 심리학자들의 저서를 통해 잘 알려진 SNDF 모델로 그의 리더십을 진단해보자.

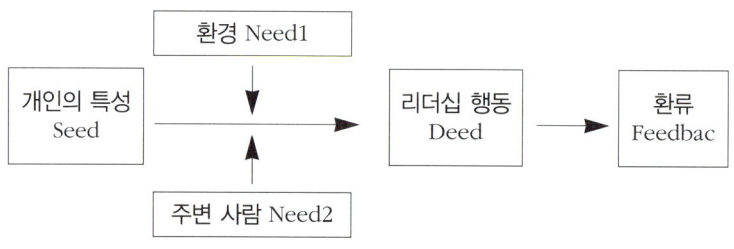

SNDF 모델

첫째 개인의 특성 부분에서 내가 본 오 시장은 강한 원칙주의자이며 지구력이 상당한 사람이다. 이는 철저한 자기 관리로 업무 추진의 안정적 토대가 되고 있다.

둘째 환경 부분. 이는 외부 환경을 가리킨다. 2008년 하반기 무렵부터 경제 사정이 급격히 어려워져 서민 계층과 소외 계층을 포용하지 않을 수 없는 상황을 말한다. 실제로 서울시와 서울시 복지재단은 이때를 기해 희망플러스통장 사업을 확대했다. 또한 각종

사업을 조기 집행해 중소기업, 서민, 청년 실업, 노인 일자리 사업 등에 초점을 맞춰왔다.

셋째 주변 사람 부분을 살펴보자. 먼저 오 시장의 경우 외부적으로는 노인 정책 전략 그룹을 만들어 전 보건복지부 장관을 공동 의장으로 선임하는 등 복지 관련 인사 및 여성계 인사들과 폭넓게 교류한 점을 들 수 있다.

또 석 달에 한 번씩 열리는 각계 인사 조찬 모임인 '서울창의포럼'에서도 다른 영역의 오피니언 리더들에게 복지에 대한 발상을 유도하는 일도 마다하지 않았다.

한편 내부적으로는 서울시의 복지 정책을 총괄하는 복지국장에 시장 대변인 출신을 임명해 추진력을 강화했다. 그리고 예산 주무국장인 경영 기획관에 복지 주무과인 사회과장을 거쳐 시장 비서실장까지 지낸 인물을 임명했는데 그 역시 복지에 대한 방향성과 중요성을 잘 이해하고 있다.

그런가 하면 복지를 포함해 행정 총관을 맡고 있는 행정1 부사장은 최근 노인 복지 정책으로 박사학위를 받은 복지 전문가이다. 정무부시장 역시 저소득층이 밀집된 지역의 정치인 출신으로 복지에 대한 관심이 대단히 높다.

이렇게 볼 때 오 시장을 둘러싼 내외부 인사들이 그의 복지 지향

마인드에 큰 역할을 했다고 볼 수 있다.

넷째 리더십 부분을 보자. 오 시장은 장애인에 대한 관심부터 품격 있는 도시 서울에 이르기까지 폭넓게 과제를 선정하고 있다. 소외 계층을 포용하려는 부분에서는 서번트 리더십(인간 존중을 바탕으로 다른 구성원들이 잠재력을 발휘할 수 있도록 도와주고 이끌어주는 리더십을 말한다)과 이슈 리더의 행동 양식을 보인다. 그리고 창의 시정 부분에서는 참여 리더십의 모습도 엿볼 수 있다. 전반적으로는 변혁적인 리더십의 모습을 보인다.

오 시장은 이처럼 복합적이라 한두 유형의 리더십으로 설명하기가 곤란하다. 오 시장의 다양한 리더십 행동에는 복지를 추진하는 강한 DNA가 내재돼 있음을 알 수 있다.

내가 시도한 개괄적 분석은 비록 학문적 검증을 받은 것은 아니지만 지금까지 서울시가 시행한 복지 정책의 내용을 꼼꼼히 훑어본 독자라면 그 신뢰성과 타당성에 고개를 끄덕이리라 믿는다.

그물망 복지를 이끄는 창의적 투자 복지주의자인 오 시장이 이끄는 서울시 복지의 앞날은 앞으로도 계속 해가 쨍쨍한 맑음이길 우리 모두 기대해보자.

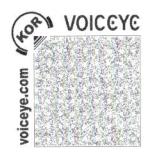

복지 리더십이여 영원하라!

그는 늘 흐트러짐이 없다. 그리고 그것은 깨끗한 이미지와도 연결된다. 이제는 시민들 가슴에 '미스터 클린'이라 각인된 오 세훈 시장. 얼마 전 한 일간지가 오세훈 시장을 언급하며 미스터 클린이라고 거명했다.

국회의원을 할 때도 오 시장은 국민들에게 깨끗한 변호사로 각인돼왔다. 국회의원을 한 번만 하고 미련 없이 정계를 떠난 것도 이미지 형성에 한몫했으리라. 더구나 잠깐 동안의 여의도 생활에서 관철시킨 '오세훈 선거법'은 걸작이다.

얼마 전 신지호 의원이 한 말이 생각난다. 그는 일본에서 공부한 까닭에 한일의원연맹의 멤버다. 당연히 일본 정치인들을 자주 만나는데 신 의원이 일본의 한 의원에게 총선 비용과 평상시 지역구 관리 비용에 대해 말하자 일본 의원이 깜짝 놀라더란다.

"어떻게 그 돈으로 선거를 치를 수 있습니까? 일본에서는 있을 수 없는 일입니다."

오세훈 선거법도 그렇고 서울 시청 공무원들의 청렴도를 높인 것도 그렇고 모두 오차를 허용하지 않는 결벽에 가까운 자기 관리의 확장선이 아닐까 싶다.

여기에서 나는 이제 약간의 이미지 변형을 원한다. 깔끔하고 원칙 있는 행정인의 이미지도 좋다. 하지만 이제는 만나면 뛰어가서 손을 잡고 기대고 싶은 큰 바위형 정치인이 됐으면 하는 바람이다.

오 시장이 큰 바위형 정치인이 되기를 바라는 이유는 복지 정책을 더 확고하게 밀고 나가길 바라는 마음 때문이다. 작은 배 큰 배 모두를 동시에 띄우려면 해안가에 물이 꽉 들어차야 하듯 서민층 중산층 가릴 것 없이 삶의 질을 향상시키려면 그물망 복지로 깊은 신뢰감을 쌓아야 한다. 즉 널찍하고 듬직한 가슴으로 모두를 포용해야 한다. 리더십이 상황을 변화시키기도 하지만 상황에 맞추어 리더가 마인드를 바꾸고 리더십을 변형할 줄도 알아야 한다.

상황은 호의적인 분위기에서 비호의적인 분위기로 변할 수 있고 혹은 그 반대로도 언제든지 변할 수 있다. 이럴 경우 정체성은 유

지하되 변신하는 리더십이 리더와 사회 모두를 성공시킨다. 리더가 상생의 삶을 사는 나비가 돼 긍정적 변화를 이끌어낼 때 우리는 그 리더에게서 희망의 씨앗을 본다. 이는 비단 오세훈 시장뿐 아니라 그 뒤를 이을 리더들에게도 당부하고 싶은 말이다.

물론 오 시장은 점점 더 시민들에게 자신의 어깨와 품을 내어주고 있다. '서울시민이라는 게 자랑스럽습니다'라는 제목과 내용의 편지들이 그의 집무실로 속속 배달되는 걸 보면 말이다.

앞으로 그가 큰 바위형 정치인이 돼 복지 리더십을 보다 확산시키고 확고히 해주기를 기원하며 이를 통해 서울시뿐 아니라 대한민국 전체가 행복한 웃음을 짓는 그날이 어서 오길 바라본다.

KI신서 2355

서울, 복지에 미치다

1판 1쇄 인쇄 2010년 4월 10일
1판 1쇄 발행 2010년 4월 15일

지은이 이성규
펴낸이 김영곤 **펴낸곳** (주)북이십일 21세기북스
출판콘텐츠사업부문장 정성진 **TF팀장** 안현주
기획 정한율 **편집** 최순애 **아트디렉터** 누브티스 이경순
디자인 표지 twoes 본문 노승우
마케팅영업본부장 최창규 **마케팅** 김보미 김현섭 허정민 **영업** 김용환 이경희 노진희
출판등록 2000년 5월 6일 제10-1965호
주소 (우 413-756) 경기도 파주시 교하읍 문발리 파주출판단지 518-3
대표전화 031-955-2100 **팩스** 031-955-2151 **이메일** book21@book21.co.kr
홈페이지 www.book21.com **커뮤니티** cafe.naver.com/21cbook

ⓒ 이성규, 2010

ISBN 978-89-509-2308-2 03320
값은 뒤표지에 있습니다.